*Monographic Journals of the Near East*          *SMS* 3/1   (October 1979)

# CATALOGUE DES SCEAUX-CYLINDR
## DU MUSÉE RÉGIONAL D'ADANA

**Ö. Tunca**
**Université de Liège**
**(avec un chapitre par B. Deuse)**

Of the 132 cylinder seals presented here, many types are still poorly known. This new material extends the series already known of peripheral cylinder seals. A revised French sphragistics terminology is tested on this material, in accordance with the English terminology in use.

## TABLE OF CONTENTS

## ABBREVIATIONS

| | |
|---|---|
| *AJA*: | *American Journal of Archaeology*, Princeton (voir aussi Porada E.) |
| *Anadolu*: | *Anatolia* (*Anadolu*), Ankara. |
| *BaM*: | *Baghdader Mitteilungen*, Berlin. |
| Buchanan B., *Ashmolean*: | *Id.,Catalogue of Ancient Near Eastern Seals in the Ashmolean Museum* vol.I. *Cylinder Seals*, Oxford (1966). |
| *Chronologies*: | R. W. Ehrich (éd.), *Chronologies in Old World Archaeology*, Chicago et Londres (1965). |
| Delaporte L., *BN*: | *Id, Catalogue des cylindres orientaux et des cachets assyro-babyloniens, perses et syro-cappadociens de la Bibliothèque Nationale*, Paris (1910). |
| Id., *Louvre II*: | *Id., Musée du Louvre. Catalogue des cylindres, cachets et pierres gravées de style oriental, II-Acquisitions*, Paris (1923). |
| Frankfort H., *CS*: | *Id., Cylinder Seals*, Londres (1939). |
| Goldman H., *Gözlü Kule-Tarsus II-III*: | Id., *Excavations at Gözlü Kule, Tarsus II-III*, Princeton, New Jersey (1956 et 1963). |
| Gordon C., *Walters Art Gallery*: | *Id., Western Asiatic Seals in the Walters Art Gallery* dans *Iraq* 6 (1939) p. 3-34. |
| *JNES*: | *Journal of Near Eastern Studies*, Chicago. |
| Kenna V.E.G., *British Museum*: | *Id., Corpus of Cypriote Antiquities 3. Catalogue of the Cypriote Seals of the Bronze Age in the British Museum* (*Studies in Mediterranean Archaeology* XX:3) Göteborg (1971). |
| Moortgat A., *Berlin*: | *Id., Vorderasiatische Rollsiegel*, Berlin (1940). |
| *MVAĞ*: | *Mitteilungen der Vorderasiatisch-Aegyptischen Gesellschaft*, Berlin-Leipzig. |
| Noveck M., *Gorelick*: | *Id., The Mark of Ancient Man. Ancient Near Eastern Seals: the Gorelick Collection* (1975). |
| NP: | Nom de personne. |
| *OIP*: | *Oriental Institute Publications*, Chicago. |
| Özgüç N., *Anatolian Group*: | *Id., The Anatolian Group of Cylinder Seals Impressions from Kültepe*, Ankara (1965). |
| Id., *Kültepe Ib*: | *Id., Seals and Seal Impressions of Level Ib from Karum-Kanish*, Ankara (1968). |
| Özgüç T. et N., *Kültepe 1949*: | *Id., Kültepe Kazisi Raporu 1949*, Ankara (1953). |
| Parker B., *Palestine*: | *Id., Cylinder Seals from Palestine* dans *Iraq* 11 (1949) p. 1-43. |
| Porada E., *AJA 52 (1948)*: | *Id., The Cylinder Seals of the Late Cypriote Bronze Age* dans *AJA* 52 (1948) p. 178-198. |
| Id., *Morgan*: | *Id., The Collection of the Pierpont Morgan Library* (=*Corpus of Ancient Near Eastern Seals in North American Collections* vol. I) Washington (1948). |
| Id., *Nuzi*: | *Id., Seal Impressions of Nuzi* (*The Annual of the American Schools of Oriental Research* vol. XXIV for 1944-1945), New Haven (1947). |

Speleers L., *Bruxelles suppl.*:

UF:
Woolley, Sir L., *Alalakh*:

*ZANF*:

*Id.,Catalogue des intailles et empreintes orientales des Musées Royaux d'Art et d'Histoire, supplément*, Bruxelles (1943).
*Ugarit-Forschungen*, Kevelaer
*Id., Alalakh.An Account of the Excavations at Tell Atchana in the Hatay, 1937-1949*, Oxford (1955).
*Zeitschrift für Assyriologie und Vorderasiatische Archäologie (Neue Folge)*, Berlin.

## INTRODUCTION

Le musée d'Adana possède une collection de sceaux-cylindres[1] acquise par trois voies différentes: a) une grande majorité provient des achats effectués, surtout, au cours des sept dernières années; b) un petit nombre est entré au musée lors des fouilles de Gözlü Kule (Tarsus);[2] c) et enfin, quelques pièces ont été confisquées sur le marché des antiquités.

Plusieurs cylindres de types rares et mal connus rendent la collection d'un intêret tout particulier.

Contrairement à l'usage et pour respecter dans la mesure du possible la cohésion et l'ordre chronologique de la présentation, cinq pièces paléo-babyloniennes (nos 5 à 9) sont placées dans ce catalogue parmi les sceaux-cylindres *périphériques*. Par ailleurs, chaque fois que cela était réalisable, j'ai essayé de rendre en français la terminologie anglaise usuelle.

Un bref commentaire justificatif précède le cas échéant la description détaillée de chaque groupe chronologique ou stylistique.[3] Ensuite, pour chaque pièce sont énoncés:

**a) Le numéro d'ordre.**

**b) La matière.** N'ayant pu bénéficier sur place de la collaboration d'un minéralogiste, j'ai effectué moi-même le travail d'identification des matériaux. En cas d'hésitation par manque de connaissances approfondies, je me suis parfois abstenu de donner des dénominations. D'autre part, le mot "stéatite" est utilisé entre guillemets. Car, malgré son usage courant en archéologie, l'appellation est fausse (cf. B. Buchanan, *Ashmolean* p. XX; R. W. Berry dans *AJA* 73 (1969) p. 68; M. Noveck, *Gorelick passim*). Cette conclusion semble être confirmée par une analyse que M. Fransolet (Institut de minéralogie, Université de Liège) a bien voulu effectuer sur un échantillon du même matériau aujourd'hui souvent utilisé par les faussaires. Le diagramme obtenu indique une dominance de chlorite de magnésium.

**c) Les mesures:** la hauteur et le diamètre sont indiqués au mm. près.

**d) La description.** Sont signalés les particularités et l'état de conservation de la pièce, suivis d'une brève description de l'empreinte, généralement de gauche à droite. Vu leur fréquence habituelle, l'existence de perforation longitudinale n'est pas mentionnée.

**e) Le commentaire.** Si besoin est, certains problèmes particuliers à la pièce sont soulignés dans un court commentaire signalé par un astérisque. Les références citées sont choisies parmi les plus pertinentes et ne sont donc pas *exhaustives*.

**f) L'inscription:** translitérée, traduite et parfois commentée.

---

[1] Le matériel a été examiné au cours d'un séjour à Adana en 1976. Je dois témoigner ma reconnaissance à M. O. A. Taşyürek, directeur, qui le mit à ma disposition et me donna l'autorisation de le faire connaître. Je suis reconnaissant à M. le Prof. J.-R. Kupper qui a bien voulu lire le manuscrit et suggérer quelques retouches. Mes vifs remerciements vont, enfin, au Prof. Edith Porada dont les remarques m'ont été précieuses.

Quelques dizaines de cylindres qui ne m'étaient pas accessibles pour des raisons d'ordre pratique et les acquisitions des années 1975 (en partie) et suivantes ne sont pas comprises dans ce catalogue. Pour les sceaux ourartéens du même musée voir O. A. Taşyürek, à paraître dans *Or.Ant*.

[2] Gözlü Kule qui est un *tell* en bordure de la ville de Tarsus, a été fouillé entre 1935 et 1949 sous la direction de Hetty Goldman. Voir H. Goldman, *Excavations at Gözlü Kule, Tarsus, I-II-III.* Princeton, New Jersey 1950-1963.

[3] "But that a place has been found for everything does not mean that everything is in its proper place." (B. Buchanan, *Ashmolean* p. XXV).

**g) Le numéro d'inventaire** qui renvoie aux numéros du *livre d'inventaire des cachets et des sceaux-cylindres* du musée d'Adana.

**h) L'origine.** Sont indiqués: 1. l'année d'acquisition pour les cylindres achetés aux particuliers; 2. le numéro de chantier pour les pièces provenant de Gözlü Kule-Tarsus.

## INSCRIPTIONS

Les inscriptions sont analysées dans le catalogue.

A — 1) Liste des sceaux-cylindres qui portent une légende cunéiforme:

| | | |
|---|---|---|
| Nos | 5 | (paléo-babylonien)[4] |
| | 7 | (paléo-babylonien) |
| | 8 | (paléo-babylonien) |
| | 20 | (cappadocien) |
| | 24 | (syrien) |
| | 99 | (néo-assyrien) |

2) Liste des noms propres:

Ašmanki (no 20)

Awīl-Adad (?) = Lú ᵈIm (no 8)

Aza (no 20)

ᵈE š₄ - t à r (no 24)

Iaqim-Ḫamu (voir Yaqim-Ḫamu)

Kīni-ili (no 99)

Munawwiru (no 5)

ᵈNinšubur (no 7)

ᵈUtu (no 8)

Sumu-ŠID/LAK-*sa-ni-a* (no 24)

Tirwi-šenni (no 8)

Yaqim-Ḫamu (no 24)

B — Aucun signe cypro-minoen n'a pu être identifié. Voir, néanmoins, les nos 42, 44 et 118.

### I. Les sceaux-cylindres du IIIème mill. av. J. -C.

Les quatre cylindres décrits sous cette rubrique sont des productions *périphériques*. On pourrait dater les nos 1 et 2 de l'époque de Ğemdet Naṣr. Mais ce type de sceaux-cylindres semble avoir existé depuis la deuxième phase de l'époque d'Uruk jusqu'au début de la période proto-dynastique, y compris (E. Porada dans *Chronologies* p. 155). Suivant les parallèles que l'on peut établir, le no 3 est aussi daté de l'époque de Ğemdet Naṣr. Quant au no 4, il est attribué à un style proto-dynastique de la périphérie, en l'occurrence la Syrie du Nord. Enfin, le no 113 est probablement post-akkadien; mais il a été classé plus loin pour des motifs signalés dans le commentaire.

**1.** "Stéatite" gris foncé ; 28 x 22 ; surface altérée ; perforation du type "loop-bore".
Deux rangées de "femmes" accroupies, tournées vers la gauche et levant le(s) bras devant un vase.
Inv. no 1287 ; commerce (1974).

**2.** "Stéatite" (ou serpentine?) noire ; 17 x 15.
Trois flèches représentées parallèlement sont dirigées vers un motif en zigzag, à droite duquel se trouvent deux personnages au(x) bras levé(s) accroupis l'un derrière l'autre.
*L'association de ces trois éléments est, à notre connaissance, inconnue ailleurs.
Inv. no 488 ; commerce (1971).

---

[4] Je remercie M. le Prof. H. Limet qui a bien voulu examiner cette inscription.

**3.** Quartzite (?); 14 x 13.

Suite d'animaux formée d'un cervidé et de deux antilopinés. Dans le champ: poissons, insecte (?) et au-dessus du deuxième antilopiné, motif linéaire en V.

*A comparer avec les files d'animaux dans B. Buchanan, *Ashmolean* nos 30 à 39. Voir aussi un cylindre de Tell Rimah, B. Parker dans *Iraq* 37 (1975) p. 23 no 3 (retrouvé dans le niveau néo-assyrien).

Inv. no 1296 ; commerce (1974).

**4.** Pierre calcaire blanche ; 22 x 12 ; petites cassures sur le bord supérieur.

Personnage à courte robe qui tient de la main droite l'une des pattes postérieures d'un capriné renversé et qui pointe de la main gauche un poignard (?) dans la tête d'un lion debout attaquant un autre capriné. Dans le champ: motif indéterminé (poisson?).

*Comparer le personnage avec ceux de style analogue dans B. Buchanan, *Ashmolean* nos 763 et 766, et A. Moortgat, *Tell Chuēra in Nordost Syrien II*, Wiesbaden (1960) fig. 14-15.

Inv. no 1325 ; commerce (1974).

## II. Les sceaux-cylindres paléo-babyloniens

**5.** Hématite; 15 x 9; surface usée.

Scène de présentation: l'orant conduit par une déesse intermédiaire devant une divinité assise. Dans le champ: croissant et oiseau sur support. Cartouche à deux lignes d'inscription.

*Les scènes de présentation, thème majeur de la glyptique néo-sumérienne, se rencontrent aussi dans les sceaux-cylindres attribués au début de l'époque paléo-babylonienne (cf. B. Buchanan, *Ashmolean* p. 79-82, nos 444-459). Eu égard au canon des figures et au style de l'inscription notre cylindre semble être plutôt paléo-babylonien ancien.

Inscription:

| | |
|---|---|
| [X] MÙŠ(?).EN.X | .............. |
| [Dumu(?) M]u-na-wi-ru | fils (?) de Munawwiru |

Non inventorié (en 1976); commerce (1975)

**6.** Hématite; 16 (h. max.) x 12; le bas du cylindre est cassé.

Homme-taureau en lutte avec le héros nu; personnage humain aux prises avec un homme-taureau (?); déesse suppliante devant le dieu au couteau dentelé. Dans le champ: disque à croix dans le croissant

*La scène de lutte entre un personnage humain et un homme-taureau (?) est, à ma connaissance, sans parallèle ailleurs.

Inv. no 1455; commerce (1974).

**7.** Marbre blanc bordeaux; 31 x 16; cylindre à paroi concave.

Déesse suppliante et divinité assise, toutes les deux tournées vers la gauche. Cartouche à trois lignes d'inscription.

*Le style et l'iconographie de ce sceau annoncent la glyptique kassite (cf. B. Buchanan, *Ashmolean*, p. 96-97).

Inscription:

| | |
|---|---|
| ᵈNin.šubur | Ninšubur |
| Sukkal an.na | messager des cieux |
| Gidri.kù šu.du₇ | (celui qui) tient le sceptre sacré. |

*Voir les remarques de O. R. Gurney dans B. Buchanan, *op. cit.* p. 226-227 (no 426) et E. Porada, *Morgan* no 429.

Inv. no 62 ; Gözlü Kule - Tarsus 35-810 (-51).
Bibliographie: H. Goldman, *Gözlü Kule-Tarsus II* p. 238 (no 28).

**8.** Hématite, 22 x 10.
   Personnage à la masse d'armes devant la déesse suppliante. Dans le champ: disque (à étoile?) dans le croissant, étoile à huit branches. Cartouche à trois lignes d'inscription.
   *Les proportions trapues des figures et l'inscription semblent dénoter l'origine provinciale de cette pièce.
   Inscription:

| | |
|---|---|
| Lú ᵈIm | Awīl-Adad (?) |
| dumu *Ti-ir-wi-še-en-ni* | fils de Tirwi-šenni |
| ìr *ša* ᵈUtu | serviteur du dieu-soleil. |

   *A propos des éléments Tirwi- et -šenni, voir I. J. Gelb et *alii*. *Nuzi Personal Names* (*OIP* 57) Chicago (1943) p. 156, 267 et 131, 255-256. Soulignons l'apparition d'un NP hourrite dans un sceau de style paléo-babylonien (provincial?). La lecture des première et troisième lignes reste problématique; il s'agit vraisemblablement de l'akkadien (cf. le relatif *ša* à la 3ème ligne).
   Non inventorié (en 1976); commerce (1975).

**9.** Hématite; 17 x 8.
   Personnage qui tient un bâton (?) courbe de la main gauche, en marche vers la droite; femme nue de face; personnage à la masse d'armes devant la déesse suppliante. Dans le champ: croissant sur support, objet indéterminé (hache?).
   *Le personnage qui est à gauche de la femme nue est vraisemblablement un motif surajouté. Voir l'attitude correcte du même type de personnage dans par ex. E. Porada, *Morgan* no 455, B. Buchanan, *Ashmolean* no 503.
   Inv. no 1268 ; commerce (1974).

### III. Les sceaux-cylindres du Levant à l'aube du IIème mill. av. J.-C.

   Dans ce groupe sont rassemblées des pièces qui ont une certaine affinité iconographique avec un ensemble "syro-anatolien" daté de "l'époque de Larsa" par S. Mazzoni.[5] L'analyse de nos pièces (en particulier des nos 15, 16, 17) suggère une évolution iconographique et stylistique probablement parallèle à celle de la glyptique "cappadocienne", bien que ce type de cylindres semble avoir été en usage dans une aire géographique assez vaste qui va de la Cappadoce jusqu'en Palestine (cf. les provenances dans S. Mazzoni *op. cit.* p. 21-25). D'ailleurs, il est possible que tout cet ensemble dérive d'une tradition stylistique et thématique qui paraît avoir donné naissance à un groupe syrien attribué au IIIème mill. av. J.-C. par H. el-Safadi (*UF* 6, p.339-41, groupe IIb).
   La ressemblance des têtes des personnages représentés est une constante stylistique dans les nos 10 à 17 et la procession reste le thème préféré (cf. S. Mazzoni, *op.cit.* pl. I-IV). C'est en se basant sur ce dernier critère que l'on peut rattacher à cet ensemble le no 18 de facture pourtant plus schématique; mais on aurait pu le classer aussi dans un assemblage syro-cappadocien.

**10.** "Stéatite"; 18 x 11.
   Trois personnages à robe frangée, le bras levé, en procession; chacun tient (?) un vase conique. Motif vertical indéfini à saillie latérale vers la droite, décoré de hachures horizontales; deux étoiles et un vase conique de part et d'autre de la saillie qui pointe vers un croissant.

---

[5] *Tell Mardikh e una classe glittica siro-anatolica del periodo di Larsa*, dans *Annali Istituto Orientale di Napoli* 35 (1975), p.21-43.

*Le même thème se retrouve dans T. et N. Özgüç, *Kültepe 1949* fig. 730.
Inv. no 994; commerce (1972).

**11.** "Stéatite"; 18 x 11; cylindre usé.

Trois personnages levant le bras en procession. Entre les personnages en partant de gauche: vase conique et motifs ondulés. Ustensile cylindrique (?). Dans le champ: trois trous de bouterolle.

*Le motif auparavant appelé "bras de balance" (H. Frankfort, *CS*, p. 179), "bâton de mesure" ou encore "ball staff" (E. Porada, *Morgan*, p. XXIV) est interprété par M. Noveck (*Gorelick* p. 94 note 43) comme étant "a cylindrical vessel", expression que nous rendons ici par "ustensile cylindrique".

Inv. no 1369; commerce (1974).

**12.** "Stéatite"; 21 x 13.

Deux personnages tête-bêche levant le bras et tenant (?) un vase conique. Rosette sur décor aux traits horizontaux, encadrée par deux lignes verticales ondulées.

*Comparer le motif qui se trouve au-dessous de la rosette avec un décor similaire dans B. Buchanan, *Ashmolean* no 846.

Non inventorié (en 1976); commerce (1975).

**13.** "Stéatite"; 22 x 12.

En procession vers la droite trois personnages à courte robe frangée levant le bras et tenant (?) un vase conique; rosette sur décor à lignes verticales; motif vertical ondulé.

*Comparer notre sceau avec B. Buchanan, *Ashmolean* no 846.

Inv. no 22; provient de Sakarya Höyük (=Sakçagözü?).

**14.** "Stéatite"; 20 x 11; cylindre usé.

Deux personnages à longue robe et au(x) bras levé(s) en procession vers la gauche; ligne verticale entre les deux. Deux colonnes remplies de pointillés. Dans le champ: ustensile cylindrique.

*Ce cylindre est placé ici à cause de l'analogie des attitudes des personnages avec ceux des autres pièces du groupe. Son style linéaire se rattache (autant qu'on puisse le juger) à celui du no 15. Pour l'expression "ustensile cylindrique" voir le no. 11.

Inv. no 425; commerce (1970).

**15.** Serpentine rouge; 22 x 11; usure.

Deux personnages levant le(s) bras en procession vers la gauche; entre les deux: vase conique(?). Animal (capriné?) aux pattes repliées. Dans le champ: au-dessus de l'arrière-train de l'animal vase (?) globuleux et tête de lance; devant l'animal: motif indéterminé et scorpion.

*Comparer avec E. Porada, *Morgan* nos 1091-92. Des animaux de style probablement analogue figurent dans T. et N. Özgüç, *Kültepe 1949* fig. 729.

Inv. no 1196; commerce (1974).

**16.** Hématite; 19 x 10.

Objet rectangulaire indéterminé, décoré de chevrons horizontaux; personnage à longue robe tourné vers la gauche, le bras droit levé et le bras gauche tendu vers l'arrière au-dessus de la tête d'un antilopiné aux longues cornes. Dans le champ: motif végétal.

Inv. no 1343; commerce (1974).

**17**. "Stéatite"; 20 x 11.

Personnage en marche vers la gauche, précédé (ou suivi) de deux bovinés, le premier portant un autel. Scène encadrée de deux lignes horizontales. Dans le champ: croissant (?).

*Voir le boviné dans H. Frankfort, *CS* pl. 40/f.

Non inventorié (en 1976); commerce (1975).

**18**. "Stéatite," 24 x 13.

Quatre personnages en procession, ils ont le bras gauche levé et la main droite posée sur la taille. Petit personnage du même type (?) sur un quadrupède à cornes.

*Comparer avec un cylindre de style schématique dans H. H. von der Osten, *The Alishar Hüyük II* (*OIP* 29) Chicago (1937) fig. 207, b1000. Le thème, c'est-à-dire la procession, suggère un classement de cette pièce avec les nos 9 à 16. Mais le schématisme et l'emploi assez maladroit de la bouterolle la différencie des autres.

Inv. no 330, commerce (1970).

## IV. Les sceaux-cylindres cappadociens

**19**. Hématite; 17 x 9.

Scène de présentation: personnage conduit par une divinité intermédiaire devant un autre personnage (divinité ?) assis qui possède une barbe à stries horizontales et qui tend une coupe. Dans le champ: disque à croix dans le croissant; taureau et scorpion disposés en deux registres.

*Le personnage assis qui porte une robe-kaunakès est probablement une divinité malgré l'absence de tiare à cornes. Comparer notre cylindre avec N. Özgüç, *Kültepe Ib* pl. IV A, X, F, XXVI 4 (p. 47); E. Porada, *Morgan* no 847.

Inv. no 990; commerce (1972).

**20**. "Stéatite"; 23 x 14.

Scène de présentation: suppliant, l'orant conduit par une femme (divinité ?) devant un dieu assis. Dans le champ: trous de bouterolle, vase globuleux, ustensile cylindrique, étoile dans le croissant, oiseau (posé sur l'épaule de la divinité ?), cercopithèque accroupi. Cartouche à deux lignes d'inscription en positif.

*Comparer avec T. et N. Özgüç. *Kültepe 1949* fig. 681, 682, et 687. Le no 20 dérive probablement du "style assyrien ancien" défini par N. Özgüç (*op. cit.* p. 233).

Inscription:

    $^m$*Aš-ma-an-ki*      Ašmanki

    dumu *A-za*       fils de Aza

Inv. no 1362; commerce (1974).

## V. Les sceaux-cylindres syriens

**21**. Hématite; 21 x 9.

Personnage tenant un vase ovoïde, assis sur un siège placé sur une estrade; devant lui, suppliant qui présente un lièvre. Entre les deux: disque dans le croissant. Motifs secondaires disposés en deux registres: trois femmes levant le bras droit et trois hommes aux bras croisés en procession.

*Voir L. Speleers, *Bruxelles* suppl. no 1470 (p.161). Le sujet, les bras longs aux mains allongées et le type de personnages placent ce sceau dans le groupe "Zimrilim 2" défini par H. el-Safadi (*UF* 7 p.439).

Inv. no 1363; commerce (1974).

**22**. Hématite; 20 x 11.

Personnage qui tient (?) une masse d'armes sous le bras gauche replié; déesse qui s'appuie sur une hampe (ou lance). Dans le champ: petit personnage levant le bras, poisson (?), ustensile cylindrique et vase ovoïde. Disposés en deux registres: deux oiseaux et deux personnages levant le bras.

*Un motif secondaire analogue (oiseaux et personnages en deux registres) se retrouve dans L. Delaporte, *Louvre II* no A 907 (pl. 96).

Inv. no 1305; commerce (1974).

**23**. Hématite; 22 x 11.

Deux personnages réunis autour d'un autel. Déesse (?) qui tend de la main droite une fleur de lotus devant un autre autel. Dans le champ: étoile, vase globulaire, deux mains de part et d'autre du premier autel, un vase sphérique, deux vases (?) coniques. Motif secondaire: deux oiseaux disposés en deux registres séparés par une tresse.

*Comparer ce cylindre avec C. Gordon, *Walters Art Gallery* no 45 classé par H. el-Safadi dans son groupe "Zimrilim 2" (*UF* 7 p. 438-42) et avec L. Delaporte. *BN* no 489.

La déesse (?) devant l'autel a le bras démesurément long. S'agit-il d'un objet (main postiche ou situle ?) tenu à bout de bras ? Cf. les représentations égyptiennes du Nouvel Empire où, d'après Miriam Lichtheim (dans *JNES* 6 [1947] p. 170), des situles de formes diverses apparaissent aux mains des tribus étrangères, en particulier des tribus minoennes et syriennes.

Inv. no 13; confisqué en 1933.

Bibliographie: N. Özgüç dans *BaM* 7 (1974) p. 143-44.

**24** Hématite; 27 x 13.

Personnage qui tient une masse d'armes sous le bras gauche replié et une harpê dans la main droite en face de la déesse qui se dévoile. Entre les deux dans le champ: une étoile. A droite, derrière la déesse: démon à tête de capriné et un personnage (?) placés tête-bêche; tresse; un démon ailé à tête de griffon. Cartouche à trois lignes d'inscription en positif.

*Les nez pointus des personnages, le relief plat des figures et la rareté des motifs de remplissage mettent ce sceau-cylindre en rapport avec le "groupe d'Ammitaqumma" défini par H. el-Safadi (*UF* 7 p. 456). Cependant, les motifs qui sont dans l'angle supérieur droit, sont d'origine cypro-égéenne (voir en particulier E. Porada. *Morgan* no 1077); et vu la disposition des figures, ils ne semblent pas avoir été surajoutés.

Inscription:

| | |
|---|---|
| *Su-mu* ŠID/LAK-*sa-ni-a* | Sumu............ |
| dumu *Ia-qí-im-ḫa-mu* | fils de Yaqim-Ḫamu |
| ir $^{d}$Eš$_4$. tàr | serviteur de .... |

*Le nom du propriétaire du sceau n'est pas clair. Il s'agit probablement d'un NP à "trois éléments" (cf. H. B. Huffmon. *Amorite Personal Names* ..., Baltimore (1965) p. 126-27). Pour l'élément *-ni-a* = /-niāh/ (part. passif ?) voir I. J. Gelb *La lingua del Amoriti* dans *Atti della Accademia Nazionale dei Lincei, Rondiconti della Classe di Scienze Morali Storiche e Filologiche*, Serie 8, vol. XIII (1958), p. 149 (2.5.1) et p. 161 (3.3.8.2.5) Si *ni-a* = /niāh/ du verbe NH (*nwh) (=être satisfait, cf. H. B. Huffmon, *op. cit.* p. 237), l'élément ŠID/LAK-*sa* est probablement un optatif *lak-sa* (ou *lík-sa* ?) peut-être d'une racine KŠ' (?) (cf. I. J. Gelb,. *op. cit.* 3.3.3.2); dans ce cas cf. aussi les NP akkadiens Šumu(m)-libši/līṣi/lišir dans J. J. Stamm *Akkadische Namengebung* (*MVAG* 44, 1939) p. 148, 151 et 155.

Inv. no 355; commerce (1970).

## VI. Les sceaux-cylindres syriens de style "provincial"

Les pièces regroupées sous cette appellation (empruntée à B. Buchanan, *Ashmolean* p. 160) posent un problème de classification. Leur style et leur iconographie ne sont pas très cohérents. Leur date, même relative, n'est par claire. A la lumière de notre documentation actuelle, leur disparité semble être due à une production très étalée dans le temps et l'espace.

Le no 25, par exemple, reproduit un type d'iconographie dynastique archaïque, mais avec un style différent. Le répertoire et le style animalier des nos 26 et 27 ont été en faveur, semble-t-il, longtemps au IIème mill. av. J.-C. en Syrie du Nord. Quant au no 28, il pourrait appartenir par le style et par la forme des objets représentés à un style syro-cappadocien dont la date devrait se situer entre la fin de l'époque akkadienne et l'extrême fin de l'époque des colonies en Cappadoce.

**25.** "Stéatite"; 21 x 11.

Personnage debout, le bras gauche levé et tenant de la main droite le col d'un vase posé devant lui; un deuxième personnage, assis, qui boit dans un grand vase au moyen d'un tube recourbé; le siège de ce dernier est contre trois lignes verticales et gaufrées. Dans le champ: objet (?) en forme de croissant sur support, disque à rayons. Ligne de sol.

*Voir les personnages en train de boire dans B. Buchanan, *Ashmolean* nos 842-43, E. Porada *Morgan* nos 1092 à 1094, tous des cylindres syriens de style "provincial".

Inv. no 1373; commerce (1974).

**26.** "Stéatite"; 10 (h. max.) x 10; cylindre retaillé après cassure.

Quadrupède en marche vers la droite; quadrupède couché, renversé par rapport au premier. Dans le champ: trois crosses, trois têtes d'animal et (quatre ?) motifs indéterminés. Bordure(s) à ligne.

*Les quadrupèdes représentent probablement des antilopinés. L'iconographie et le style sont syro-cappadociens (cf. B. Buchanan, *Ashmolean* p. 161). Voir aussi les animaux de style similaire dans N. Özgüç, *Anatolian Group* pl. *passim.*)

Inv. no 1356; commerce (1974).

**27.** "Stéatite"; 13 x 10.

Deux registres opposés avec une suite de motifs; 1er registre: scorpion, animal non identifié au-dessus d'un lion couché, oiseau, quadrupède passant, lion couché. 2ème registre: démon à tête de griffon tenant un objet en forme de spirale, animal indéterminé, capriné (?) assis, capriné dressé contre un arbre (?), deux quadrupèdes (lions ailés?).

Inv. no 1130; commerce. (1974).

**28.** "Stéatite"; 18 x 13; usure.

Personnage à courte robe tenant une cruche; devant lui un autre personnage semblable; jarre à double moulure horizontale sur l'épaule posée sur le sol et surmontée d'un vase (?); deux autres jarres à double moulure sur la panse posées sur supports (ou podium). Dans le champ: trous de bouterolle.

*Voir les vases moulurés dans B. Buchanan, *Ashmolean* nos 842-843. Comparer la cruche tenue par le personnage de gauche avec K. Emre dans *Anadolu* 7 (1963) fig. 13 (Kt.f/k 220) et E. Akurgal et M. Hirmer, *Die Kunst der Hethiter*, Munich (1961) fig. 29 (en bas à droite) et fig. 38.

Inv. no 1276; commerce (1974).

## VII. Les sceaux-cylindres mitanniens

Les nos 29 à 37 regroupés sous cette rubrique s'apparentent, à des degrés divers, aux sceaux de *facture mitannienne* déjà connus quoique l'attribution à cet ensemble du no 37, en mauvais état de conservation, ne soit pas tout à fait justifiée.

Suivant la terminologie courante qui consiste à diviser les cylindres mitanniens en deux styles (à savoir "the common and elaborate styles") d'après la dureté du matériau utilisé (E. Porada, *Nuzi* p. 12 et *id.*, *Morgan* p. 139), les nos 29 (?) 30 et 31 sont de style *élaboré* et les nos 32 à 37, de style *commun*. Cette division n'a toutefois pas de signification chronologique réelle, mais, comme l'a souligné B. Buchanan (*Ashmolean* p. 179), elle procède des différentes techniques de gravure liées à la nature de la roche.

Si l'on admet par ailleurs ses rapports avec la glyptique paléo-babylonienne, le no 29 semble être le plus ancien de la série.


**29**. Hématite; 22 x 12; surface usée.

Cinq personnages suppliants en procession. Dans le champ, entre les têtes: cercles pointés (ou étoiles?).

*Certains traits iconographiques de la glyptique mitannienne sont empruntés aux sceaux-cylindres (périphériques ou non) de la première moitié du IIème mill. av. J.-C. (cf. E. Porada, *Nuzi* p. 97-107 et voir par ex. M. Noveck, *Gorelick* no 32). Les figures de suppliants (ou suppliantes?) du no 29 sont des répliques de la déesse suppliante paléo-babylonienne (voir les nos 7-8 et E. Porada, *Morgan* nos 558 à 567). Toutefois, les coiffures coniques des personnages et le thème de procession sont absents dans l'iconographie paléo-babylonienne.

Comparer ce sceau avec B. Parker, *Palestine* no 119 retrouvé (certainement hors de son contexte chronologique) à Tell an Naṣbah dans une tombe de c. 10ème siècle av. J.-C.

Inv. no 1018; commerce (1972).


**30**. Limonite brune; 16 x 8.

Capriné couché sur un monticule; personnage (ailé?); capriné; génie ailé à tête d'oiseau. Dans le champ: croissant au-dessus du capriné couché; poisson (?); trous de bouterolle. Bordures à ligne.

*A comparer par ex. avec B. Buchanan, *Ashmolean* nos 911 à 919 qui sont des cylindres de même style.

Inv. no 378; commerce (1970).


**31**. Hématite; 21 x 9; inachevé (?); cassure dans la partie inférieure.

Suppliant devant un personnage assis tenant un bâton surmonté d'un disque; hampe. Archer agenouillé et lion couché disposés en deux registres. Dans le champ: siège (?).

*L'objet tenu par le personnage assis est probablement un miroir: cf. E. Porada, *Nuzi* p. 62; voir aussi les cylindres médio-assyriens L. Delaporte, *Louvre II* nos A780-A781 (pl. 90) et ici même le no 60.

Inv. no 802; commerce (1972).


**32**. Faïence gris verdâtre; 21 x 10; usure.

Deux personnages autour d'un arbre en ombelle. Antilopiné et capriné disposés en deux registres séparés par deux lignes.

*Nous appelons le motif végétal au centre *arbre en ombelle*, ce qui correspond au terme "bouquet tree" proposé par E. Porada, *Nuzi* p.17.

Inv. no 1025; commerce (1973).


**33**. Faïence blanche; 22 x 11; ébréché.

Deux personnages tenant l'arbre en ombelle. Au-dessus d'un guillochis: deux antilopinés couchés, queues croisées. Ligne de sol.

*A comparer avec B. Parker, *Palestine* no 94. Pour le terme *arbre en ombelle* voir le commentaire sous le no 32.

Inv. no 1271; commerce (1974).

**34**. Faïence blanche; 26 x 13.

Trois personnages en marche; génie ailé entouré de deux caprinés cabrés. Au-dessus: suite de caprinés (?) couchés. Dans le champ: cercles pointés.

*Voir le même type de personnages par ex. dans B. Buchanan, *Ashmolean* no 935 et E. Porada, *Nuzi* no 456.

Inv. no 1275; commerce (1974).

**35**. Faïence blanche; 29 x 13.

Deux cervidés couchés, à l'arrière-train redressé; barre verticale. Bordures linéaires.

Inv. no 67; Gözlü Kule-Tarsus 36-105.

Bibliographie: H. Goldman, *Gözlü Kule-Tarsus II* p. 239 (no. 38).

**36**. Faïence gris verdâtre; 19 x 11; ébréché.

Suite de trois oiseaux. Entre les têtes et devant le troisième oiseau: trous de bouterolle. Bordures à ligne.

Inv. no 1297; commerce (1974).

**37**. Faïence à glaçure bleue; 16 x 10; forte usure.

Deux oiseaux à queue en éventail (?). Dans le champ: losange et croissant. Bordures linéaires.

*Voir B. Parker, *Palestine* no 137. Ni l'identification des animaux représentés, ni même la place chronologique de ce cylindre ne sont assurées. On peut aussi le considérer comme une pièce néo-assyrienne représentant des quadrupèdes (cf. E. Porada, *Morgan* no 743).

Inv. no 699; commerce (1971).

### VIII. Les sceaux-cylindres cypro-levantins

Les glyptiques cypriote et levantine ont au moins un trait commun: leur complexité. En effet, à côté d'un certain nombre de cylindres reconnus comme étant typiquement cypriotes, il y en a plusieurs dont le classement et l'attribution restent douteux (cf. E. Porada dans P. Dikaios, *Enkomi II*, Mainz a.R. (1971) p. 783-84). La même remarque s'applique *mutatis mutandis* aux sceaux-cylindres du Levant (cf. B. Buchanan, *Ashmolean* p. 193). Les difficultés de classement sont dues à la disparité apparente de l'iconographie aux sources multiples, à la fréquente médiocrité de la technique, ainsi qu'au peu de lisibilité de certaines pièces.

Par ailleurs, les limites chronologiques de la glyptique cypro-levantine sont assez floues (cf. E. Porada, *op. cit.* p. 783 et *infra* paragraphe b).

La formule de présentation adoptée ici est justifiée, me semble-t-il, par cet état de choses et elle tend à mettre en évidence la fluidité stylistique de nombreux cylindres cypriotes et levantins. Il est d'ailleurs possible que certains sceaux attribués ici à Chypre soient d'origine levantine et, vice-versa, quelques pièces du Levant sont peut-être des produits cypriotes.

#### a) Chypre

L'attribution des nos 38 à 45 à l'île de Chypre est en partie basée sur la présence de personnages aux bras levés dans les nos 39 à 44 et sur l'emploi de la bouterolle fine dans les nos 38-39 et 40. En outre, le tracé angulaire des motifs dans le no 45 est à souligner. Mais ce sont essentiellement les parallèles établis avec des pièces provenant de Chypre qui ont guidé le classement.

Aucune de nos pièces ne porte des traits iconographiques spécifiquement cypriotes (cf. les groupes I-VII de E. Porada, *AJA* 52 (1948) p. 182-91) et aucun signe cypro-minoen n'a pu être relevé avec certitude.

**38**. Serpentine; 19 x 11.

Capriné debout qui retourne la tête, attaqué par deux lions. Dans le champ: oiseau, tête d'animal renversée (?), trois crosses. Trous de bouterolle.

*A comparer avec les cylindres du groupe VII de E. Porada (*AJA* 52 (1948) p. 190-191) où figurent, comme dans notre pièce, des animaux au corps strié.

Inv. no 528; commerce (1971).

**39**. "Stéatite" (?); 28 x 11.

Personnage aux bras levés; quadrupède à cornes représenté tête vers le bas; quadrupède à la verticale, tête vers le haut; personnage levant le bras gauche; scorpion au-dessus d'un capriné. Trous de bouterolle.

*Voir l'utilisation similaire de la bouterolle dans C. Gordon, *Walters Art Gallery* no 62 (=E. Porada, *AJA* 52 (1948) pl. X no 36).

Non inventorié (en 1976); commerce (1975).

**40**. "Stéatite"; 21 x 13.

Cervidé couché à l'arrière-train redressé; motif en forme de flèche pointée vers le bas; personnage aux bras levés; deux éléments indéterminés (placés tête-bêche?) Trous de bouterolle.

*Le cervidé dont le corps est ici disloqué, dérive directement de l'iconographie mitannienne: voir par ex. le no 35.

Inv. no 505; commerce (1971).

**41**. Serpentine; 17 x 8.

Lion et quadrupède à cornes disposés à la verticale, têtes vers le haut; personnage levant les bras; poignard. Dans le champ: deux cercles pointés.

*A rapprocher de B. Parker, *Palestine* nos 148-49 et du groupe X de E. Porada, *AJA* 52 (1948) p. 193.

Inv. no 1605; commerce (1974).

**42**. Serpentine (?) gris verdâtre; 28 x 17.

Motif végétal; trous de bouterolle; capriné représenté tête vers le bas; étoile entre deux personnages aux bras levés. Trois signes cypro-minoens (?).

*A comparer peut-être avec V.E.G. Kenna, *British Museum* no 98. Pour les trois signes (?) cypro-minoens, voir E. Masson, *Cyprominoica . .* (*Studies in Mediterranean Archaeology* XXXI:2) Göteborg (1974) p. 13, CM 2 nos 11, 9 et 12.

Inv. no 1035; commerce (1973).

**43**. "Stéatite"; 31 x 15.

Personnage aux bras levés, assis (?) sur un siège (?) en forme d'oméga; animal cornu au corps ondulé et stylisé. Personnage renversé aux bras levés. Motif vertical en arêtes de poisson. Dans le champ: crosse et trait.

*Comparer avec E. Gjerstad et *alii*, *The Swedish Cyprus Expedition I*, Stockholm (1934) pl. 150 no 17.

Inv. no 418; commerce (1970).

**44**. "Stéatite"; 21 x 13; cassure au bord infèrieur.

Deux personnages dont la tête est en forme de cercle pointé: le premier lève un bras et a la tête entourée de deux traits verticaux; le deuxième lève les deux bras. Dans le champ: motifs linéaires (ou signes indéterminés ?).

*Pour le signe (?) en forme de X, voir E. Masson *op. cit.* (sous le no 42) p. 12 fig. 1 no II.

Inv. no 371; commerce (1970)

**45**. "Stéatite"; 25 x 14.

Personnage debout. En deux colonnes: trois rectangles séparés par deux barres horizontales et chevrons.

*Voir les personnages de même facture dans B. Buchanan, *Ashmolean* nos 974 à 977 .

Inv. no 1340; commerce (1974).

### b) Le Levant

La caractéristique essentielle de ce groupe est une technique de gravure médiocre. Même les sceaux comme les nos 46 à 48, 50 à 52, de meilleure qualité technique, ne sont pas comparables aux cylindres syriens nos 21 à 24. Les motifs du no 57 atteignent un tel degré d'abstraction qu'ils sont pratiquement illisibles.

Les dates des pièces semblent se situer dans la deuxième moitié du deuxième millénaire av. J.-C. Si l'on tenait compte, comme le suggéra B. Buchanan (*Ashmolean* p.193) des trouvailles (connues) de Ras Shamra[6] (C.F.A. Schaeffer dans *Syria* 12 (1931) pl. III 1, *Syria* 13 (1932) pl. XI 1, *Syria* 16 (1935) pl. XXXV), on devrait admettre l'existence au Bronze Récent de plusieurs styles levantins encore mal délimités et en partie contemporains de la glyptique mitannienne.

A part les catégories de styles ("Eclectic, Derivative, Egyptianizing, Simplified") proposées par B. Buchanan (*Ashmolean* p. 193-195), il pourrait y en avoir d'autres comme en témoigneraient par exemple les nos 46 à 49. Cette situation s'éclaircira, au moins en partie, quand des séries complètes de sceaux de même *type* seront connues. C'est pourquoi, par mesure de prudence, ne sont cités pour nos pièces que des rapprochements suffisamment assurés.

D'après la terminologie élaborée par B. Buchanan, les nos 50, 51 et 52 seraient "eclectic" et les nos 53 à 57, "simplified". Signalons enfin que les nos 115 et 117 (?) n'ont pas été inclus dans cet ensemble à cause de leur schématisme excessif; mais ils en font peut-être partie.

**46**. "Stéatite"; 23 x 11; ébréché.

Trois personnages en marche. Quatre rosettes dont trois dans un croissant, disposées deux par deux en deux colonnes devant le premier et le troisième personnages et arbre (?) entre le deuxième et le troisième. Bordures linéaires.

Inv. no 1374; commerce (1974).

**47**. "Stéatite"; 28 x 18; ébréchures.

Deux personnages à longue robe, la tête baissée et la main levée à mi-poitrine, séparés par un arbre. Motif formé de trois rosettes entre les bras d'une croix de St. André encadrée par deux lances à la verticale. Bordures à ligne.

Inv. no 209; commerce (1962).

---

[6]"Our publication in preparation is dealing with more than one thousand cylinder seals from Ras Shamra, found in stratigraphical order, and some five hundred comparative specimens, all of them collected or seen by me in North Syria ..." C.F.A. Schaeffer dans *Acts of the International Archaeological Symposium*, "The Mycenaeans in the Eastern Mediterranean," Nicosie (1973) p. 402.

**48.** "Stéatite"; 21 x 12; usure.

Deux motifs non identifiés séparés par deux verticales. Décor composé d'une bande oblique striée, enfermée dans deux barres verticales et deux trous de bouterolle symétriquement disposés; motifs linéaires dans les vides.

Inv. no 1277; commerce (1974).

**49.** Faïence (?) gris verdâtre; 27 x 21.

Scorpion et deux petits animaux (?). Remplissage linéaire.

*Voir la figure de scorpion sur le cachet L. Woolley, *Alalakh* pl. 51 no 16 (mais qui est de date certainement plus haute).

Inv. no 1337; commerce (1974).

**50.** "Stéatite"; 16 x 12.

Décor en deux registres dont le supérieur est formé de deux caprinés et d'un personnage agenouillé tenant une lyre, et l'inférieur, d'un lion et de deux scorpions affrontés. Dans le champ: pointillage.

Inv. no 64; Gözlü Kule-Tarsus 35-999 (-57).

Bibliographie: H. Goldman, *Gözlü Kule-Tarsus II* p. 239 (no 35); E. Porada dans S.S. Weinberg (éd.) *The Aegean and the Near East (Studies Presented to H. Goldman)*, New York (1956), p. 204, 211, fig. j.

**51.** "Stéatite"; 22 x 9; surface usée.

Personnage, coiffé d'un casque, debout sur un animal; il lève le bras gauche, un objet en main, et tend une harpê de la main droite. Caprinés (?) affrontés autour d'un arbre (?). Dans le champ: poisson (?), oiseau et quadrupède.

*A rapprocher de B. Buchanan, *Ashmolean* nos 993-94. Le personnage représenté est probablement une divinité.

Inv. no 905; commerce (1972).

**52.** Serpentine (?); 28 x 14; surface rongée.

Personnage debout qui, face à un autre, lève le bras droit et tend un objet de la main gauche. Motif végétal; quadrupède au-dessus d'un lion. Dans le champ: étoile (ou rosette?).

*Le premier personnage, probablement de nature divine, semble porter un casque à cornes et tenir dans sa main droite un objet dont on aperçoit quelques légères traces. Comparer le thème de ce sceau avec celui de B. Buchanan, *Ashmolean* no 993.

Inv. no 1310; commerce (1974).

**53.** "Stéatite"; 22 x 8; perforation de grand diamètre.

Deux figures humaines tournées vers la gauche; la deuxième tend le bras droit et semble tenir un bâton dans la main gauche. Deux quadrupèdes, l'un au-dessus de l'autre; élément végétal et trou de bouterolle. Bordures linéaires.

*Comparer avec B. Parker, *Palestine* no 139. Voir le même type d'animal dans B. Buchanan, *Ashmolean* no 1026. Voir aussi M. Dunand, *Fouilles de Byblos I*, Paris (1939) pl. 125, no 3391.

Inv. no 423; commerce (1970).

**54.** Serpentine (?); 31 x 15; surface rongée.

Trois personnages de tailles différentes dont les deux premiers lèvent les deux bras et le troisième, un seul. Motif linéaire en colonne.

*A rapprocher peut-être de B. Buchanan, *Ashmolean* no 1034 (de date non assurée).

Inv. no 1604; commerce (1974).

**55**. Pierre calcaire (?) brun verdâtre; 25 x 12.

Deux êtres composites (génies) qui semblent avoir une queue; le premier (à cornes?) soulève un serpent et un personnage renversé dont la tête est entourée d'un demi-cercle; le deuxième ouvre les bras d'où pendent des traits verticaux (ailes?). Dans le champ: motif circulaire.

*A rapprocher de B. Buchanan, *Ashmolean* no 1019.

Inv. no 1411; commerce (1974).

**56**. "Stéatite"; 29 x 14.

Deux personnages aux bras levés; capriné; deux quadrupèdes et un serpent au-dessous d'un motif en spirale; trous de bouterolle.

Inv. no 1219; commerce (1974).

**57**. Roche gris verdâtre; 34 x 13-10; cylindre aplati (à coupe ellipsoïde).

Figure à éléments disloqués (personnage levant les bras?). Motif végétal.

Inv. No. 1309; commerce (1974).

**c) Les cylindres égyptisants** (par Bernadette DEUSE)

Les nos 58 et 59 ont un décor formé de motifs égyptisants. Mais l'inspiration n'est pas exclusivement égyptienne: les signes hiéroglyphiques du no 58 sont employés à titre purement décoratif et les figures humaines du no 59 n'appartiennent pas à l'iconographie traditionnelle de l'Egypte, même si elles sont composées selon le schéma égyptien.

Nous inclinons à les considérer comme étant des productions de la côte syro-palestinienne, laquelle semble avoir entretenu des contacts suivis avec l'Egypte dès l'époque préhistorique. On trouve donc très tôt des influences égyptiennes dans la glyptique de ces pays; mais la majeure partie des sceaux égyptisants du Levant paraît dater du Nouvel Empire (cf. B. Buchanan, *Ashmolean* p. 194), époque où les Egyptiens étendirent leur domination sur l'Ouest de l'Asie.

**58**. Serpentine verdâtre; 23 x 12.

Trois registres, chacun répétant trois fois le même élément: a) signe correspondant à l'hiéroglyphe égyptien de la bouche *r*; b) oiseau non identifié au repos et tourné vers la droite; c) lion couché tourné vers la droite.

*Nous ne connaissons aucune pièce à mettre directement en parallèle avec ce sceau.

Abstraction faite du bec lourd et maladroit, la silhouette générale de l'oiseau évoque l'hiéroglyphe du vautour correspondant à la lecture *aleph*; le lion couché correspond, par son attitude, à l'hiéroglyphe *rw*, mais l'arrière-train et la queue sont ici curieusement hauts.

Peut-être faut-il voir dans le décalage des motifs du registre central une influence du *quadrat* égyptien? Une disposition fantaisiste des hiéroglyphes apparaît souvent sur des scaraboïdes d'époque ou d'influence Hyksos, mais le style de ces cachets est différent de celui de notre cylindre.

La gravure profonde mais sans volume interne fait songer à la facture des sceaux-cylindres égyptiens de bois ou d'ivoire retrouvés dans les tombes de l'Ancien Empire. Or, certains de ces sceaux, peut-être sous l'influence de la glyptique mésopotamienne des époques d'Uruk et de Ğemdet Naṣr (B. Buchanan, *Ashmolean* p. 210), s'ornent de rangées d'animaux.[7] Sans doute sont-ce les prototypes de notre cylindre que l'allure inhabituelle des signes autant que leur combinaison fantaisiste signalent comme étant une oeuvre d'imitation gravée par une main mal familiarisée avec l'ecriture égyptienne.

Inv. no 643; commerce (1971).

---

[7] B. Buchanan, *Ashmolean* no 1054; J. Vandier, *Manuel d'archéologie égyptienne I*, Paris (1952) p. 862, fig. 574; Fl. Petrie et G.L. Griffith, *The Royal Tombs of the Earliest Dynasties II* (1901), pl. XIV 101-104.

**59**. Faïence blanche; 22 x 11; surface dégradée, cassure horizontale barrant le cylindre à hauteur de la main gauche du premier personnage et éclat effaçant les pieds du second.

Deux personnages de style égyptien en marche vers la droite; le second a une tête de taureau. Bordures linéaires.

*Le premier personnage, court vêtu, se caractérise par l'appendice descendant du sommet du crâne jusqu'au haut du dos: on n'y reconnaît ni le penon du bonnet de Reschef, plus long, ni la boucle "hittite" à l'extrémité plus incurvée. La main gauche avancée tient un objet indéterminé (bouclier rond?).

L'homme à tête de taureau porte une grosse perruque et une longue robe ceinturée dont la jupe fendue laisse voir la jambe avancée. De la main droite qui pend le long du corps, il tient l'*ankh*, l'hiéroglyphe de la vie. L'objet que tenait la main gauche avancée n'est plus identifiable.

Il est difficile d'identifier le premier individu. L'homme à tête de taureau est attesté dans l'iconographie égyptienne[8] mais il n'est jamais vêtu de cette robe asiatique. Il s'agit vraisemblablement ici d'une représentation de Seth-Baal[9] qui, après avoir été le dieu des Hyksos d'Avaris, jouit à l'époque ramesside d'un culte particulièrement assidu dans le Delta et les provinces asiatiques de l'Empire. Le no 59 semble avoir été gravé dans cette dernière région au cours de la seconde moitié du IIème millénaire.

A rapprocher du cylindre égyptisant A. Moortgat, *Berlin* no 550 qui montre un cortège de personnages.

Inv. no 560; commerce (1971).

## IX. Les sceaux-cylindres médio-assyriens

**60**. Pierre rougeâtre (opale?); 25 x 10; cylindre non perforé; cassures aux bords.

Personnage (féminin?) debout présentant un objet devant une femme assise qui tend un miroir. De part et d'autre: siège, jarre sur support et palmier. Dans le champ: étoile. Scène délimitée en bas par deux demi-ovales aux bouts croisés.

*Comparer avec L. Delaporte, *Louvre II* nos A780-A781 (pl. 90). Voir aussi les remarques de E. Porada, *Nuzi*, p. 62-63 sur l'objet identifié à un miroir.

Inv. no 14; confisqué en 1933.

**61**. Serpentine brune; 44 x 16; surface usée.

Personnage (féminin?) assis qui tend un objet (?) de la main, suivi d'un personnage en marche; jarre sur support. Dans le champ: six trous de bouterolle disposés en cercle autour d'un septième, étoile, croissant et trident; motif(s) indéterminé(s).

Inv no 547; commerce (1971).

**62**. Calcédoine laiteuse; 31 x 17; le bas du cylindre est cassé.

Lion debout attaquant un antilopiné cabré.

*Voir les figures de lions et le même principe de composition dans E. Porada, *Morgan* nos 602, 603, 604.

Inv. no 1419; commerce (1974).

---

[8] G. Roeder, *Ägyptische Bronzefiguren* (Staatliche Museen zu Berlin, *Mitteilungen aus der Ägyptischen Sammlung* VI) Berlin (1965) par. 95 p. 61-62, pl. 72 H.

[9] cf. W. Helck et E. Otto. *Lexikon der Ägyptologie* (1972 et s.) s.v. Ba'l.; R. Stadelmann, *Syrisch-Palästinensische Gottheiten in Ägypten*, Leiden (1967), p. 32 et s.

## X. Les sceaux-cylindres assyrisants

Bien que les nos 63 à 67 aient des affinités avec la glyptique néo-assyrienne, ils semblent pourtant ne pas en faire partie.

On aurait pu considérer le no 63 comme étant une pièce médio-assyrienne; mais le type de l'arbre en palmette n'est pas attesté, à ma connaissance, à cette époque. Le no 64, s'il n'est pas une production *périphérique*, est tout simplement un cylindre néo-assyrien de style linéaire dont le thème serait exceptionnel (voir les nos 68 à 98). Les nos 65 et 67 sont peut-être des sceaux-cylindres ourartéens (E. Porada dans H. Goldman, *Gözlü Kule-Tarsus III* p. 350, 353), sinon des productions marginales, au même titre que les nos 66, 81 (classé dans le style linéaire néo-assyrien) et 114 (inclus dans les cylindres non classés).

**63**. Faïence gris verdâtre; 34 x 13.

Taureau ailé devant un arbre-palmette. Dans le champ: oiseau, rosette, trous de bouterolle et deux motifs en forme de coin. Bordures linéaires.

*A rapprocher de l'empreinte médio-assyrienne Th. Beran dans *ZANF* 18 (1957) p. 163 fig. 33 (VAT 8899). Voir aussi les oiseaux dans E. Porada, *Morgan* nos 592, 596 et 603 (tous des cylindres médio-assyriens) et les taureaux dans B. Parker dans *Iraq* 37 (1975) pl. 16 nos 51 à 53, retrouvés à Tell Rimah dans le niveau néo-assyrien.

Inv. no 448; commerce (1970).

**64**. Serpentine (?); 23 x 14; usure.

De part et d'autre d'une plante: animal ailé et deux personnages levant la main.

Inv. no 1606; commerce (1974).

**65**. Roche bleu verdâtre; 31 (long. totale) x 13; cylindre-cachet à bélière.

Décor du cylindre: suppliant face au disque ailé à glands placé au-dessus d'un arbre stylisé. Capriné debout devant un archer. Bordures à lignes.

Décor de la base: animal (vache?) allaitant son petit. Dans le champ: plante (?).

*Le matériau de ce cylindre me semble être de la faïence à glaçure.

Comparer le motif du cachet avec celui d'un cachet de Nimrud: B. Parker dans *Iraq* 24 (1962) pl. XII 2 (ND 5327) et voir la publication de E. Porada citée plus bas.

Inv. no 61; Gözlü Kule-Tarsus 38-533.

Bibliographie: E. Porada dans H. Goldman, *Gözlü Kule-Tarsus III* p. 350, 356 (no 6).

**66**. Calcite jaunâtre; 21 x 10; usure.

Arbre stylisé; quadrupède à cornes (taureau?).

Inv. no 703; commerce (1971).

**67**. Roche gris verdâtre; 27 x 8.

Deux monstres ailés schématisés.

*D'après E. Porada, ce type de monstres semble être étranger à l'iconographie néo-assyrienne et néo-babylonienne (voir l'ouvrage cité ci-dessous).

Inv. no 66; Gözlü Kule-Tarsus 36-141.

Bibliographie: E. Porada dans H. Goldman, *Gözlü Kule-Tarsus III* p. 353, 357 no 20.

*PLANCHES*

# PLANCHES

*1*

*2*

*3*

*4*

*5*

*6*

*7*

*8*

*9*

*10*                        *11*                        *12*

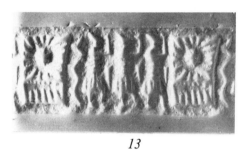

*13*                        *14*                        *15*

*16*                        *17*                        *18*

*19*

*20*

*21*

*22*

*23*

*24*

*25*

*26*

*27*

*28*

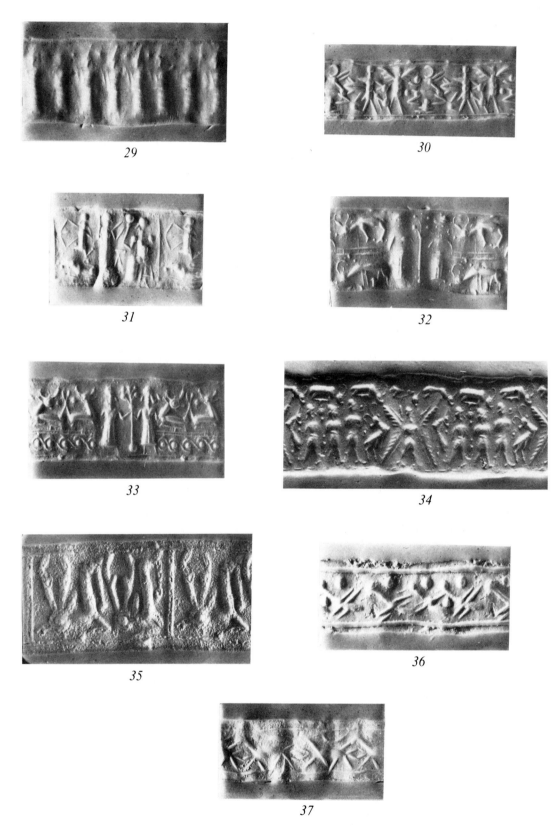

29

30

31

32

33

34

35

36

37

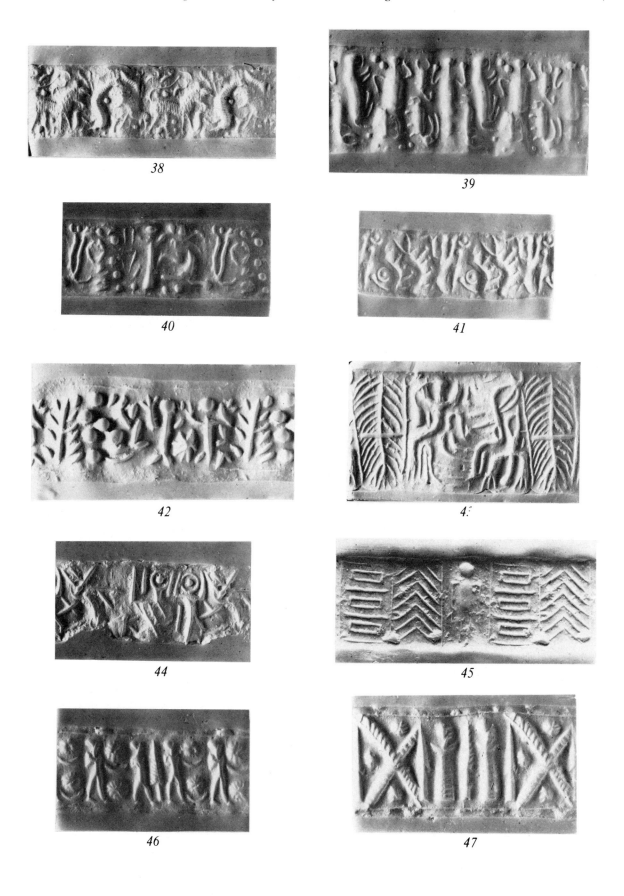

38

39

40

41

42

4:

44

45

46

47

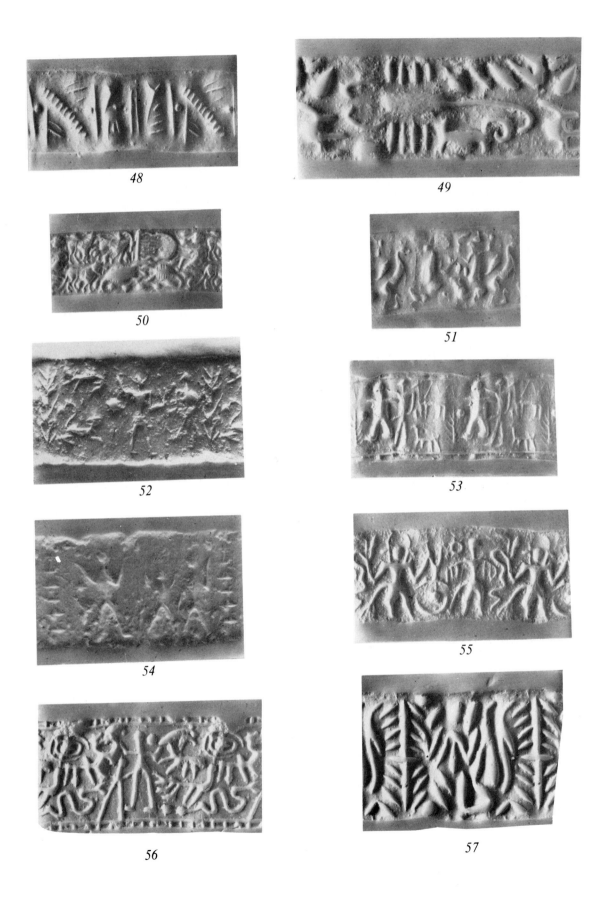

48

49

50

51

52

53

54

55

56

57

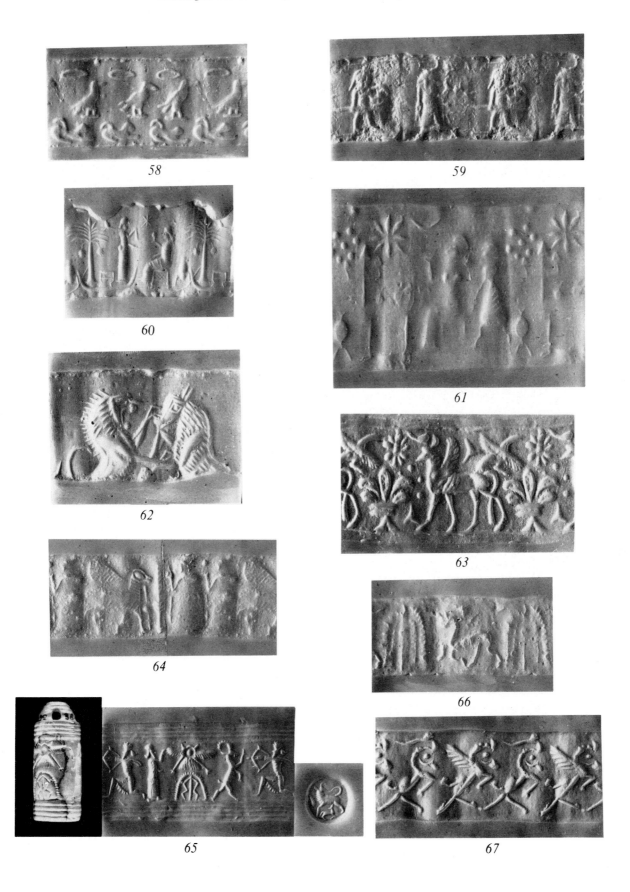

58

59

60

61

62

63

64

66

65

67

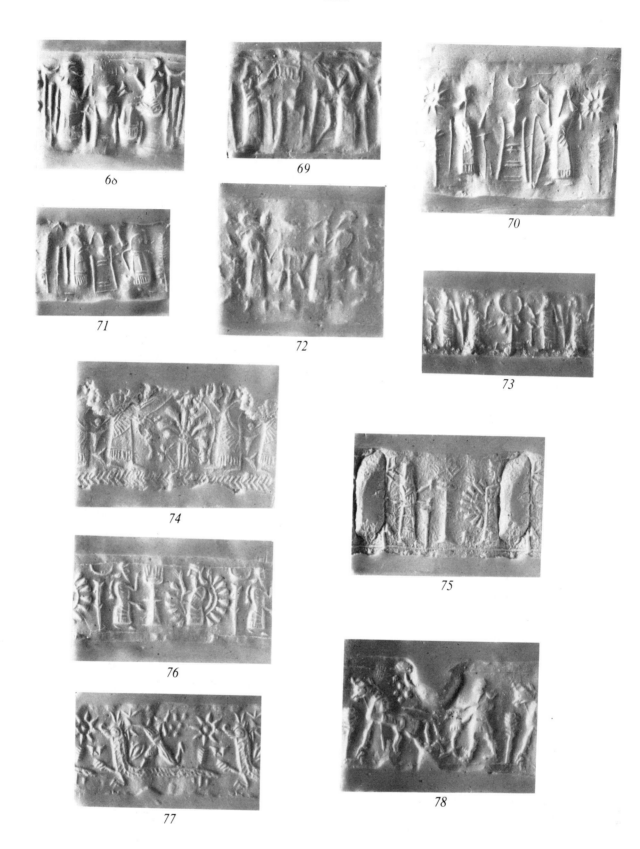

6ð

69

70

71

72

73

74

75

76

77

78

79

80

81

82

83

84

85

86

87

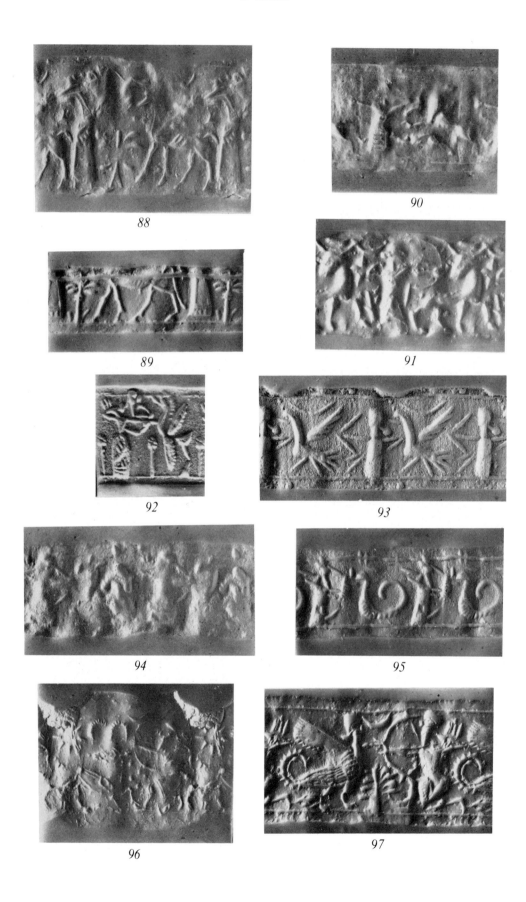

88

90

89

91

92

93

94

95

96

97

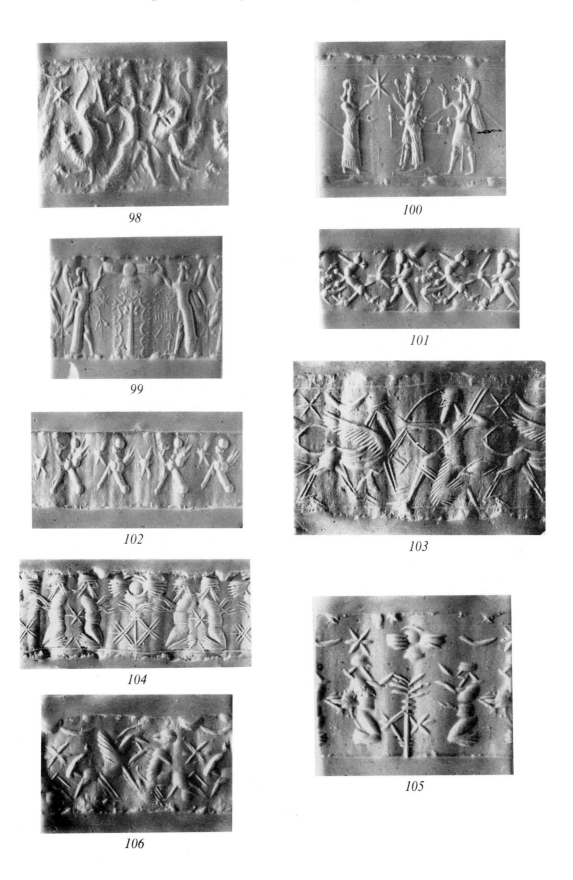

98

100

99

101

102

103

104

105

106

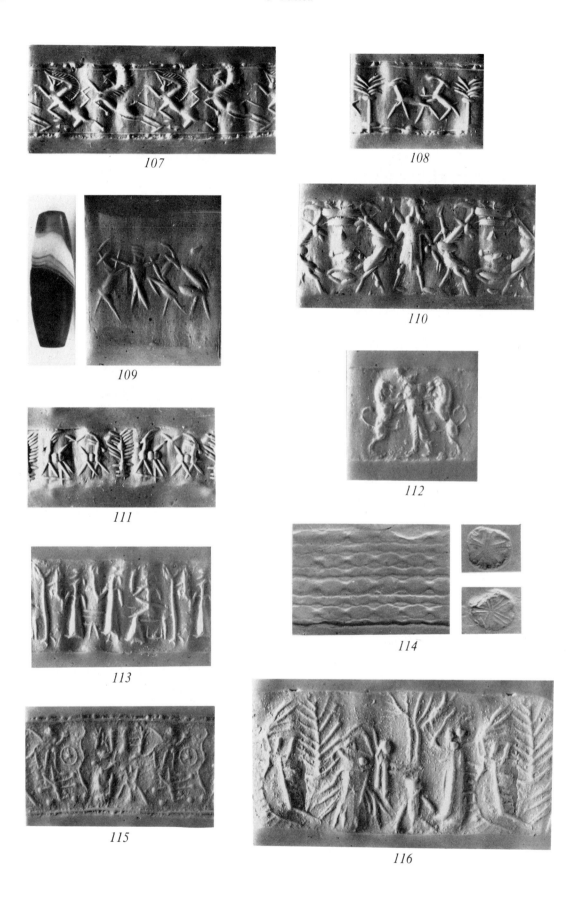

107

108

109

110

111

112

113

114

115

116

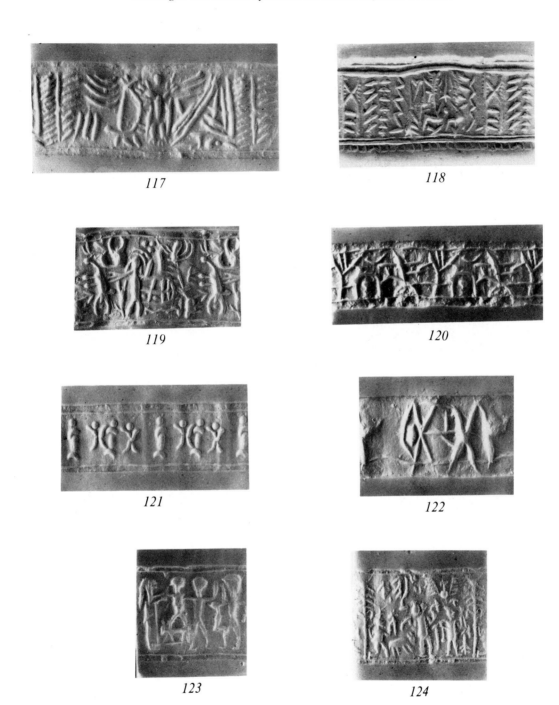

*117*

*118*

*119*

*120*

*121*

*122*

*123*

*124*

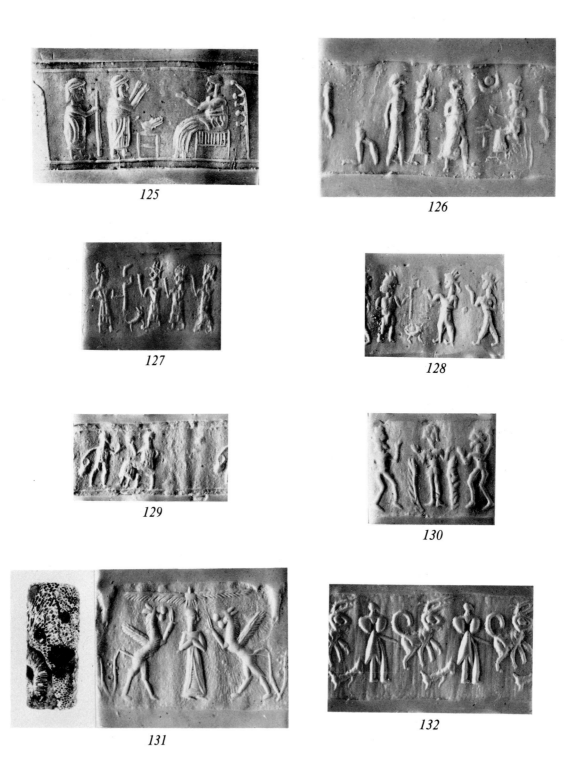

*125*

*126*

*127*

*128*

*129*

*130*

*131*

*132*

## XI. Les sceaux-cylindres néo-assyriens et néo-babyloniens

Le mode de classement adopté dans ce chapitre a été calqué sur celui qui a été élaboré par E. Porada et B. Buchanan (*Morgan* p. 71-96) et developpé ensuite par B. Buchanan (*Ashmolean* p. 105-107). Les styles relevés dans la collection sont les suivants:

a) Le style *linéaire* néo-assyrien ("Linear style"): nos 68 à 74: personnages autour d'un motif central (vase sur support, croissant à glands sur support, arbre sacré); nos 75-76: figures humaines et divines de part et d'autre d'un autel; nos 77-78: thèmes divers; nos 79 à 87 (et no 37?): scènes à animaux réels ou fantastiques; nos 88 à 97: scènes de chasses diverses; no 98: personnage maîtrisant des animaux.

*Remarque*: B. Buchanan (*Ashmolean* p. 106) estime nécessaire d'isoler dans ce style les cylindres en faïence. R.M.Boehmer admet même l'existence d'un "Frittestil" (dans W. Orthmann (éd.). *Der Alte Orient* (= *Propyläen Kunstgeschichte* 14), Berlin (1975) p. 341). Cette distinction qui ne me paraît pas tout à fait pertinente, n'a pas été reprise. En effet, à côté des cylindres en faïence d'un type, il est vrai, particulier (cf. les nos 87, 92 à 95), d'autres sont plutôt de style linéaire courant (cf. le no 88 et B. Buchanan, *Ashmolean* no 613).

D'autre part, B. Buchanan (*Ashmolean* p. 106) attire l'attention sur certaines pièces de style linéaire altéré ("Debased Linear style"). Parmi les sceaux-cylindres du musée d'Adana, les nos 69, 73 (?), 76, 91 à 93, 94 (?), 95 sont de ce type.

b) Le style *à modelé* ("Modelled style"): no 99: type ancien ("early");

c) Le style *à forures* ("Drilled style"): no 100: type ancien ("early"); nos 101-102: type récent ("late").

d) Le style *à entailles* néo-babylonien ("Cut style"): nos 103 à 106: type ancien ("early"); nos 107 à 109: type récent ("late") influencé par le style à modelé; no 110: type récent influencé par les styles à forures et à modelé; no 111: type récent; mélange de styles à entailles et à forures.

**68**. Serpentine noire; 26 x 9; surface usée.

Un serviteur, une longue serviette jetée sur l'épaule, tient un éventail au-dessus d'un vase sur support devant un personnage assis sur un siège à dossier et levant une coupe. Croissant au-dessus d'une plante. Deux clous obliques (ou objet) dans le champ. Bordures linéaires.

*Les clous obliques sont probablement un objet de même nature que celui qui est tenu à la main (gauche?) par le personnage assis dans A. Moortgat, *Berlin* no 660.

Inv. no 904; commerce (1972).

**69**. Serpentine noire; 29 x 12.

Serviteur qui tend une serviette et lève un éventail au-dessus d'un vase sur support; personnage (royal) qui soulève une coupe et s'appuie sur un arc. Croissant au-dessus de la marre à glands.

Inv. no 211; commerce (1964).

**70**. Serpentine verdâtre; 36 x 14; usure.

Serviteur avec une longue serviette sur l'épaule et un éventail à la main; croissant au-dessus d'un vase sur support; personnage (royal) qui soulève une coupe et s'appuie sur un arc. Etoile formée d'un cercle pointé entouré de rayons au-dessus d'une plante.

*Le croissant dans le champ semble avoir été regravé après l'effacement de l'éventail tenu par le serviteur.

Inv. no 1286; commerce (1974).

**71**. Serpentine noire; 21 x 10; bord supérieur cassé.

Même scène que celle du no 69. Variante: étoile (?) au-dessus d'une plante et motif vertical (stylet?).

Inv. no 1304; commerce (1974).


**72**. "Stéatite"; 33 x 12; forte usure.

Deux personnages dont chacun lève une main, l'un debout, l'autre assis, autour d'un objet sur trépied (autel?) surmonté d'un croissant. Dans le champ: motifs en forme de coin et éléments indéterminés.

*Bien qu'hésitant, le style de gravure et aussi le canon des figures semblent témoigner de l'authenticité de la pièce qui est peut-être une production marginale.

Inv. no 991; commerce (1972).


**73**. Pierre fossilifère; 17 x 9; ébréché.

Deux personnages (royaux) autour du croissant à glands sur podium; devant la figure de droite un motif vertical (serviette?). Stylet.

Non inventorié (en 1976); commerce (1975).


**74**. Serpentine (?) noire; 31 x 14; la partie supérieure du cylindre est cassée.

Deux personnages debout, saisissant chacun un ruban qui pend d'un disque ailé (?). Motif cunéiforme. Bord inférieur décoré de chevrons.

*Voir les bordures en chevrons dans E. Porada, *Morgan* nos 640-641.

Inv. no 698; commerce (1971).


**75**. Pierre calcaire (?); 28 x 13; cassure verticale.

Personnage devant une divinité nimbée; entre les deux: stylet et autel d'où sortent des flammes; étoile (?) et motifs indéterminés dans la cassure. Ligne de sol.

Inv. no 638; commerce (1971).


**76**. Serpentine brun rougeâtre; 23 x 12; petites cassures au bord inférieur.

Personnage (royal) devant l'autel à flammes et divinité nimbée. Croissant au-dessus du stylet. Bordures linéaires.

Inv. no 702; commerce (1971).


**77**. "Stéatite"; 25 x 11; ébréché.

Divinité qui saisit d'une main le foudre, de l'autre, un objet formé de globes, en pleine course sur un dragon serpentiforme. Dans le champ: losange, étoile en forme de cercle pointé entouré de rayons au-dessus de deux motifs végétal et cunéiforme.

Inv. no 890; commerce (1972).


**78**. Obsidienne; 30 x 13; cassures dans la moitié supérieure et au bord inférieur.

Scène de labour: araire tiré par un taureau et guidé par un personnage en marche; plante devant l'animal. Dans le champ: globes et croissant (?). Bordures à ligne.

*A comparer avec E. Porada, *Morgan* no 653.

Inv. no 264; commerce (1968).

79. "Stéatite"; 22 x 11; cylindre à perforation désaxée.
Capriné à genoux pliés attaqué par un canidé(?). Devant le capriné: plante. Dans le champ: étoile et croissant.
Inv. no 1599; commerce (1971).

80. "Stéatite"; 32 x 11; cylindre à perforation partielle, restes de l'anneau de suspension en bronze.
Capriné, genoux en terre, attaqué par un oiseau de proie. Dans le champ: étoile, croissant et quatre trous de bouterolle. Sur les bords: bandes hachurées.
Inv. no 63; Gözlü Kule-Tarsus 38-1539 (d'après l'inventaire du musée) ou 38-1459 (d'après E. Porada: voir la bibliographie).
Bibliographie: E. Porada dans H. Goldman, *Gözlü Kule-Tarsus III* p. 349, 356, no 5.

81. Faïence gris verdâtre; 19 x 13; dégradé.
Deux quadrupèdes ailés entourant un arbre stylisé. Dans le champ: étoile.
*C'est une pièce de type peut-être assyrisant (voir le chapitre X).
Inv. no 799; commerce (1972).

82. "Stéatite"; 23 x 13.
Taureau à genoux pliés et oiseau à tête humaine et à queue de scorpion autour d'une plante. Dans le champ: croissant et étoile.
Inv. no 694; commerce (1971).

83. Faïence blanche; 25 x 10.
Oiseau à tête retournée face à l'oiseau à tête humaine. Dans le champ: croissant aplati. Bordures linéaires.
Inv. no 754; commerce (1971).

84. Faïence gris verdâtre; 30 x 13; dégradé.
Cervidé attaqué par un quadrupède ailé à queue de scorpion. Dans le champ: croissant.
Inv. no 697; commerce (1971).

85. Faïence gris verdâtre; 26 x 13.
Sphinx levant la patte devant l'arbre sacré. Dans le champ: croissant et étoile (?).
Inv. no 457; commerce (1970).

86. Faïence blanche; 25 x 9.
Suite d'oiseaux à tête humaine. Bordures linéaires.
Non inventorié (en 1976); commerce (1975).

87. Faïence blanche; 24 x 11; cylindre à perforation désaxée.
Croissant à glands et serpent cornu. Motifs circulaire et linéaires. Bordures à ligne.
Inv. no 70; Gözlü Kule-Tarsus 36-323.
Bibliographie: E. Porada dans H. Goldman, *Gözlü Kule-Tarsus III* p. 353, 357, no 19.

88. Faïence blanche; 36 x 12; surface usée.
Archer à longue robe, plante et taureau ailé.
Inv. no 1195; commerce (1974).

**89**. Faïence blanche; 17 x 12; partie supérieure cassée et retaillée.
Archer (?), plante et quadrupède. Bordure(s) à ligne.
Inv. no 1272; commerce (1974).

**90**. Pierre brun clair; 28 x 10; forte usure.
Archer face à un animal bondissant sur un autre (?). Bordures linéaires.
Inv. no 772; commerce (1971).

**91**. "Stéatite"; 27 x 11; surface usée.
Archer, quadrupède à cornes retournant la tête. Croissant et plante.
Inv. no 892; commerce (1972).

**92**. Faïence bleu clair; 26 x 9.
Archer à longue robe face à un oiseau aux ailes déployées; devant et derrière l'animal: deux plantes.
Bordures à ligne.
*Voir le cylindre au décor presque identique A. Moortgat, *Berlin* no 701 provenant de Tell Halaf.
Inv. no 1344; commerce (1974).

**93**. Faïence gris verdâtre; 26 x 10.
Oiseau surmonté d'un croissant et suivi d'un archer. Bordures linéaires.
Inv. no 617; commerce (1971).

**94**. Faïence blanche; 24 x 11; dégradé.
Archer et serpent cornu.
Inv. no 753; commerce (1971).

**95**. Faïence blanche; 23 x 9.
La même scène que celle du no 94. Bordures à ligne.
Non inventorié (en 1976); commerce (1975).

**96**. "Stéatite"; 36 x 12; cassure au bord supérieur et dégradé.
Capriné qui a un genou en terre, retournant la tête devant un archer agenouillé. Dans le champ:
étoile à cercle pointé et croissant. Bordures à chevrons.
Inv. no 1121; commerce (1974).

**97**. Faïence noir verdâtre; 32 x 15; craquelé.
Oiseau à tête humaine et à queue de scorpion face à un archer agenouillé. Entre les deux: croissant et
plante. Bordures linéaires.
Inv. no 1281; commerce (1974).

**98**. "Stéatite"; 34 x 12.
Personnage à tiare à plumes et à longue robe fendue soulevant deux lions renversés.
*A comparer probablement avec B. Buchanan, *Ashmolean* no 581 (qui serait d'origine babylonienne
*ibid.* p. 106).
Inv. no 1132; commerce (1974).

**99**. Quartz aux reflets rosâtres; 27 x 12.

Deux génies ailés tenant d'une main une plante et touchant de l'autre le disque ailé au-dessus de l'arbre sacré. Dans le champ: étoile et inscription en positif en deux lignes verticales.

Inscription:

<table>
<tr><td>ᵐ*Ki-ni-ìli*</td><td>Kīni-ili</td></tr>
<tr><td>Lú.gal.diš.*ši*</td><td>ˡú*Rab šūšiˢⁱ* (commandant?)</td></tr>
</table>

Inv. no 552; commerce (1971).

**100**. Quartz; 34 x 15; ébréché.

Suppliant devant une divinité sur podium portant la masse d'armes; démon ailé à tête de griffon qui tient la situle et le spadice. Dans le champ: étoile.

Inv. no 1046; commerce (1973).

**101**. Calcédoine blanche; 17 x 9; ébréchures.

Quadrupède cabré retournant la tête vers un archer. Dans le champ: croissant, motif indéterminé et poisson.

Inv. no 1345; commerce (1974).

**102**. Calcédoine blanche veineuse; 20 x 9; inachevé.

Probablement une scène qui ressemble à celle du no 101. Variante: étoile dans le champ.

Inv. no 261; commerce (1968).

**103**. Calcédoine blanche; 39 x 16; ébréché.

Sphinx face à un archer agenouillé. Bordures à ligne.

Inv. no 112; commerce (1944).

**104**. Calcédoine translucide; 24 x 10; ébréchures.

Deux suppliants agenouillés autour de l'arbre surmonté de disque ailé. Dans le champ: étoile.

Inv. no 631; commerce (1971).

**105**. Pierre rouge mat (jaspe?); 39 x 14; petite cassure vers le milieu.

Même sujet que celui du no 104. Dans le champ: étoile, croissant et losange.

Inv. no 1597; commerce (1974).

**106**. Agate (?) rougeâtre aux taches brunes et veines blanches; 26 x 12; ébréché.

Griffon qui attaque un capriné. Dans le champ: croissant et étoile.

Inv. no 1024; commerce (1973).

**107**. Agate beige veinée de blanc; 20 x 10; inachevé (?)

Quadrupède ailé poursuivi par un sphinx ailé (ou "centaure" léonin?). Bordures linéaires.

*Ce cylindre présente des affinités stylistiques avec L. Delaporte, *Louvre II* nos A. 622 (pl. 85) et A. 653 (pl. 86).

Inv. no 618; commerce (1971).

**108**. Calcédoine; 19 x 9; ébréchures.

Deux caprinés dont le deuxième se cabrant. Arbre. Bordures linéaires.

*A rapprocher de B. Buchanan, *Ashmolean* no 655.

Inv. no 906; commerce (1972).

**109**. Roche vitrifiée translucide à trois zones de couleur: brun foncé, blanc et brun clair; 35 x 6-12; cylindre à paroi convexe (en forme de perle allongée).

Personnage qui maîtrise deux caprinés cabrés. Oiseau à tête humaine.

Inv. no 980; commerce (1972).

**110**. Calcédoine blanche; 26 x 13; cylindre à paroi convexe.

Génie maîtrisant deux caprinés cabrés. Disque ailé, motif linéaire et losange.

Inv. no 891; commerce (1972).

**111**. Cornaline; 16 x 7-9; cylindre à paroi convexe.

Deux caprinés autour d'un arbre. Dans le champ: disque ailé stylisé (?).

Inv. no 1384; commerce (1974).

## XII. Le sceau-cylindre achéménide.

**112**. Pierre jaunâtre tachetée de noir; 24 x 11.

Personnage royal qui maîtrise deux lions debout.

*Voir E. Porada, *Morgan*, nos 819 à 823 de style achéménide "fully developed".

Non inventorié (en 1976); commerce (1975).

## XIII. Les sceaux-divers non classés.

Les nos 113 à 121 réunis plus bas semblent être tous des pièces anciennes. Les nos 115 à 118 et 120, au décor schématisé, sont peut-être des cylindres de la fin du IIème et du début du Ier mill. av. J.-C. (cf. B. Buchanan, *Ashmolean* p. 205).

Les nos 117 et 119 peuvent être des produits cypriotes (cf. les nos 42-43). Enfin, les nos 121 et 122 sont certainement inachevés.

**113**. Serpentine; 24 x 11.

Motif végétal (?). Deux personnages debout, tournés vers la gauche, levant la main; une table (?) entre les deux; figure humaine assise levant la main.

*Une gravure aux incisions profondes est la caractéristique des cylindres post-akkadiens (E. Porada, *Morgan* p. 31-32). Le thème représenté ici rappelle, par exemple, celui qui figure dans L. Legrain, *Ur Excavations X. Seal Cylinders* (1951) no 280 (contexte non précisé); mais, la disposition incohérente de la scène du no 113 dénote peut-être son origine périphérique.

Il est possible que les sceaux levantins attribués plus haut au début du IIème mill. av. J.-C. (nos 10-18) dérive de ce style post-akkadien périphérique. Voir pourtant B. Buchanan, *Ashmolean* no 835, de style "provincial syrian" et probablement post-akkadien, qu'on ne peut mettre en rapport direct avec le no 113.

Inv. no 1036; commerce (1973).

**114**. Pierre beige grisâtre; 25 x 11; cylindre-cachet non perforé; ébréchures.
  Décor du cylindre: motif linéaire ondulé. Motifs des bases: étoiles à cinq branches.
  *On n'a pu établir aucun parallèle pour ce décor qui semble avoir quelque affinité avec le motif à spirales de type mitannien (cf. B. Buchanan, *Ashmolean* no 921). Si cette pièce était réellement un cylindre-cachet, type de sceau certainement ourartéen, elle serait une production (occasionelle?) sous l'influence ourartéenne.
  Inv. no 548; commerce (1971).

**115**. Faïence gris verdâtre; 26 x 11.
  En deux registres (opposés?): a) deux figures humaines (?), quadrupède placé à la verticale, animal aux longues pattes, cercle pointé; b) motif indéterminé, génie ailé (ou aux bras levés?), motif végétal. A la verticale: serpent. Bordures linéaires.
  *A comparer peut-être avec H. H. von der Osten, *The Alishar Hüyük II* (*OIP* 29) Chicago (1937) fig. 243 no b1630.
  Inv. no 988; commerce (1972).

**116**. Faïence gris verdâtre; 37 x 18.
  Motif végétal; animal (?); deux personnages aux bras levés autour d'un arbre (?); animal (?).
  Inv. no 419; commerce (1970).

**117**. Faïence gris verdâtre; 24 x 16-17; cylindre à paroi concave.
  Motif végétal; personnage (féminin?) maîtrisant des animaux (?).
  *A rapprocher peut-être de C.W. McEwan et *alii*. *Soundings at Tell Fakhariyah* (*OIP* 79) Chicago (1958) F186-XLIX (pl. 80).
  Inv. no 1388; commerce (1974).

**118**. Serpentine noire; 24 X 13.
  Décor linéaire en trois colonnes. Motifs linéaires divers indéterminés. Bords décorés de hachures et bordés de lignes.
  Inv. no 1339; commerce (1974).

**119**. Serpentine noire; 24 x 9.
  Animal, scorpion, trois trous de bouterolle, figure humaine, motifs (et signes?) non identifiés; quadrupède à la verticale. Bordures linéaires.
  Inv. no 516; commerce (1971).

**120**. "Stéatite"; 17 x 8.
  Décor schématique: plante (?); croissant au-dessus d'une niche (?) cintrée; arbre sur monticule. Bordures à ligne.
  *Voir L. Woolley, *Alalakh* no 115 (pl. 66).
  Inv. no 1298; commerce (1974).

**121**. Bronze; 18 x 7; inachevé.
  Quatre figures humaines. Bordures linéaires.
  Inv. no 1401; commerce (1974).

**122**. Serpentine noire; 21 x 11; inachevé (?).
Motifs (géométriques?) non identifiés.
Inv. no 1317; commerce (1974).

### XIV. Les sceaux-cylindres d'authenticité douteuse et les forgeries.

La technique de gravure médiocre et trop hésitante, une iconographie attestée en partie ailleurs mais mal comprise par le graveur mettent en doute l'authenticité des nos 123 et 124 qui peuvent être aussi des "forgeries" très anciennes.

D'autre part, parmi les nos 125 à 132 qui sont des forgeries modernes, les nos 126 à 130 sont probablement de la même main.

**123**. "Stéatite"; 24 x 9.
Femme devant un personnage debout sur un animal. Deux figures humaines dont la première lève un bras et la deuxième soulève un animal (?). Bordures linéaires.
Inv. no 654; commerce (1971).

**124**. Roche basaltique (?); 24 x 9.
Motif végétal. Figure humaine, surmontée d'une croix, ayant un objet dans chaque main; quadrupède; deux personnages qui tiennent des objets à la main. Dans le champ: motifs (ou signes?) non identifiés, disque ailé. Bordures à ligne.
Inv. no 798; commerce (1972).

**125**. Serpentine; 27 x 17.
Deux personnages, le premier s'appuyant sur un bâton, le deuxième levant les mains, devant une table surmontée d'un oiseau et un personnage assis; motif végétal. Bordures à ligne.
*Thème de présentation attesté dans les glyptiques néo-sumérienne et paléo-babylonienne.
Inv. no 221; don (1966).

**126**. Hématite; 30 x 18; perforation inachevée.
Un bras (?); le bas du corps d'un génie (?) agenouillé; déesse suppliante encadrée par deux personnages devant une divinité assise. Dans le champ: disque dans le croissant.
*Voir par ex. le cylindre paléo-babylonien E. Porada, *Morgan* no 317.
Inv. no 1188; commerce (1974).

**127**. Pierre grise; 22 x 12; perforation de grand diamètre.
Personnage qui tend un bâton articulé devant une divinité (?) qui lève la main et qui est suivie de deux autres personnages faisant le même geste; devant la divinité (?): quadrupède.
Inv. no 213; commerce (1970).

**128**. Pierre grise; 24 x 11.
Même scène que celle du no 127. Variante: divinité (?) suivie d'un seul personnage.
Inv. no 214; commerce (1964).

**129**. Pierre noirâtre; 19 x 12; cylindre non perforé.
Personnage portant une cruche (?) devant une divinité (?) assise levant une coupe (?). Bordures linéaires.
Inv. no 352; commerce (1970).

**130**. "Stéatite"; 25 x 12.
Figure féminine nue encadrée par deux motifs végétaux et deux personnages nus aux mains levées.
Inv. no 267; commerce (1968).

**131**. Pierre fossilifère; 34 x 15.
Personnage aux bras croisés encadré par deux lions debout et surmonté d'un disque ailé.
*Voir par ex. les cylindres achéménides E. Porada, *Morgan*, nos 819 à 825.
Inv. no 1364; commerce (1974).

**132**. Verre verdâtre; 27 x 7.
Deux quadrupèdes et figure humaine.
Inv. no 707; commerce (1971).

Mai 1978

# REVIEW ARTICLE

*Seals and Sealing in the Ancient Near East*
    edited by McGuire GIBSON and Robert D. BIGGS. *Bibliotheca Mesopotamica*,
    volume Six. Un vol. in 4° de 160 pages, avec figures au trait dans le texte et
    une micro-fiche. Undena Publications: Malibu, 1977.

Cet ouvrage est honoré d'une préface de Robert McC. Adams, qui évoque l'orientation actuelle des études relatives á la glyptique. Après avoir rendu un juste hommage à Henri Frankfort, dont l'ouvrage *Cylinder Seals* demeure fondamental, il note que ce maître a cependant quelque peu négligé certains aspects du sujet tels que les inscriptions et la technique de la gravure. Désormais, l'intérêt se porte moins sur le développement chronologique des sceaux que sur les activités économiques, administratives et autres dont ils sont les témoins. Dans l'*Introduction* (pp. 3-4), les éditeurs exposent comment l'idée vint en 1974 d'organiser, l'année suivante, un symposium consacré plus spécialement à la fonction des sceaux dans le monde oriental antique. L'ouvrage dont nous rendons compte est le fruit de cette entreprise.

Les reproductions photographiques ont été remplacées pour des raisons d'économie par une micro-fiche qu'à vrai dire, le lecteur normalement équipé aura quelque peine à utiliser.

EDITH PORADA, **Of Professional Seal Cutters and Nonprofessionally Made Seals** (pp. 7-14).

On n'a pas expliqué jusqu'à présent pourquoi la forme cylindrique avait été adoptée pour les sceaux. S'appuyant sur une suggestion de D. O. Edzard, l'auteur propose d'établir un lien entre la technique de la taille des vases de pierre et l'exécution des sceaux cylindriques. En effet, le second élément du nom sumérien du graveur, bur-gul, se réfère à une activité associée aux vases de pierre. Nous connaissons mal comment était organisé ce travail, mais un texte d'Alalakh indique que les graveurs travaillaient dans des ateliers, et la diversité de la qualité des sceaux implique un large éventail de prix. L'auteur refuse de suivre Mme M.-T. Barrelet, selon qui les graveurs de sceaux de l'époque d'Agadé n'auraient pas été les créateurs de leur art et de leur répertoire. Ce refus est motivé par l'existence de graveurs non-professionnels dont l'inspiration dépassait la seule imitation du décor monumental. Par ex., deux cylindres d'Enkomi illustrent sensiblement le même sujet, mais l'un d'eux, gravé grossièrement, ne saurait avoir été l'oeuvre d'un professionnel. Comme il a été trouvé dans un lieu de culte, on peut supposer qu'il a été gravé par un prêtre-scribe qui se serait inspiré du rituel. Une diversité semblable s'observe sur les cylindres du *Sammelfund* d'Uruk. Sur un cylindre grossier de cette série, la hampe à banderole a été dessinée d'une manière qui la fait resembler de très près à l'idéogramme de la déesse Inanna: cela suggère qu'il a été gravé par un scribe. (Cette déduction ne s'impose cependant pas nécessairement, si l'on songe que la hampe représentée sur les cylindres ne représentait certainement pas la déesse, car jamais elle n'est l'objet d'un culte et elle peut être multipliée dans une même scène. Les scribes ont donné à cette figure une signification beaucoup plus précise). D'autres exemples remontent à l'époque d'Agadé ou proviennent de Nuzi. Ils révèlent une imagerie religieuse distincte de celle que mettaient en oeuvre les professionnels. L'intérêt de cette démonstration est d'attirer l'attention sur la réalité cultuelle, mythique ou autre, qui a dû inspirer directement les graveurs, sans l'intermédiare des arts "majeurs".

HANS J. NISSEN, **Aspects of the Development of Early Cylinder Seals** (pp. 15-23).

La fonction des sceaux est considérée comme fondamentalement liée aux mécanismes de contrôle de l'économie. L'adoption de la forme cylindrique est expliquée par un changement du système économique, correspondant à l'éclosion d'une organisation stratifiée de la société, en réaction contre l'organisation monarchique de la société archaïque. La forme cylindrique aurait permis un contrôle plus effectif des échanges grâce à une meilleure possibilité de couvrir la surface scellée. On observe deux procédés de gravure; le premier, raffiné, correspond à l'art naturaliste; le second, à la stylisation schématique. Ce dernier reflète l'usage de la drille plus ou moins fine et d'une petite meule discoïdale de profil variable. Cet outillage est attesté dès l'époque d'Uruk IV a et, ajouterons nous, du niveau 17 de l'Acropole de Suse. Plus coûteux, les sceaux raffinés sont attribués à des personnages de haut rang, individuellement désignés; les cylindres schématiques, aux multiples variantes, auraient appartenu à des groupes ou des institutions. En réalité, l'examen du matériel susien montre que les sceaux raffinés offraient autant de variantes que les autres.

WILLIAM L. RATHJE, **New Tricks for Old Seals: A Progress Report** (pp. 25-32).

Reprochant à ses devanciers de n'avoir considéré les sceaux que comme des jalons chronologiques, l'auteur les considère comme des témoins de l'organisation sociale et administrative, à l'époque antérieure à l'empire d'Agadé. Il s'appuie sur la thèse de J. Humphries (inédite), qui voyait dans les sceaux décorés de combats d'animaux, des insignes de guerriers, et dans les sceaux ornés de banquets, des insignes de dames de la cour. Il suppose donc que, selon leur sujet, les sceaux coïncidaient aux fonctions et au rang social de leur possesseur, indiqués par le mobilier de leur tombe. Les sceaux avec banquet ont été déposés dans des tombes abritant beaucoup de parures et peu d'objets fonctionnels. Les sceaux ornés de combats, au contraire, ont été trouvés dans des tombes contenant peu de parures mais beaucoup de vases, d'outils et d'armes: ils designeraient donc des gens de condition inférieure. Ces conclusions nous laissent très réservé, car elles ne tiennent pas compte des sceaux royaux ou princiers (Meskalamdug; Nin-TUR; Mesannepadda, etc.) qui portent des scènes de combats.

RICHARD L. ZETTLER, **The Sargonic Royal Seal. A Consideration of Sealing in Mesopotamia** (pp. 33-39).

On connaît 25 sceaux de dignitaires désignés comme "serviteurs" de rois d'Agadé. L'auteur pense que ces sceaux étaient des insignes de fonctions ou de dignités conférées par le roi, et non d'offrandes faites à ce dernier. Gravés et composés très soigneusement, de façon uniforme, ils apparaissent comme spécifiquement royaux et doivent sortir d'un même atelier royal.

PIOTR STEINKELLER, **Seal Practice in the Ur III Period** (pp. 41-53).

Les modalités d'application des sceaux à l'époque d'Ur III n'ont jamais été étudiées systématiquement; l'auteur présente un aperçu général de la question. Parmi les textes administratifs courants, seuls les reçus et actes de retrait étaient scellés. Les premiers l'étaient par la personne qui accusait réception, et éventuellement aussi, par un témoin. Le contremaître scellait les actes de paiement des ouvriers. On scellait aussi les bulles garantissant les noeuds et celles qui servaient d'étiquettes. Les "lettres d'ordres", apparues à l'époque d'Agadé, étaient scellées par leur expéditeur. Les textes juridiques: actes de vente, de location, de donation, de legs, étaient normalement scellés par les personnes qui prenaient un engagement dans une transaction. Un certain nombre de cas de contradiction entre l'inscription d'un sceau et le texte scellé sont étudiés. Quand un sceau était périmé, on en gravait un nouveau, ou on effaçait son inscription pour en graver une nouvelle. L'auteur est tenté de supposer que le "sceau-de-scribe" était une sorte de diplôme de fin d'études faisant fonction de certificat d'aptitudes.

WILLIAM W. HALLO, **Seals Lost and Found** (pp. 55-60).

Publication d'une tablette d'Umma, de l'époque d'Amar-Sin, mentionnant la perte d'un sceau en pierre *elallu*. Ce texte est rapproché de plusieurs autres, qui confirment l'importance légale de cette perte qui, en outre, était considérée comme de mauvais augure.

JUDITH A. FRANKE, **Presentation Seals of the Ur III/Isin-Larsa Period** (pp. 61-66).

Le plus ancien sceau *in-na-ba* a été "offert" par Shulgi à Sillush-Dagan, ensi de Simurrum. Le sceau de Babati, ensi d'Awal, a été "offert" par Shu-Sin et porte mention d'Abi-Simti, mère de ce dernier. On connaît 13 sceaux *in-na-ba* datés du règne d'Ibbi-Sin, après quoi la tradion se poursuivit à l'époque d'Isin-Larsa. Sur le sceau de Kuk-Simut, offert par Idadu de Suse il conviendrait de noter que le prince offre une hache d'un modèle attesté au Luristan (*Mémoires XLIII*; 1972; pl. 33 et p. 156:n° 1677; pl. 196-d). En conclusion, on constate que les sceaux *in-na-ba* ont été donnés à des proches-parents des princes, dont ils pourraient avoir indiqué le rang privilégié.

ROBERT M. WHITING, **Sealing Practices on House and Land Sale Documents at Eshnunna in the Isin-Larsa Period** (pp. 67-74).

Une soixantaine de tablettes trouvées dans le palais d'Eshnunna portent des empreintes de sceaux. Il s'agit de contrats de ventes supervisés par un fonctionnaire appelé shassukkum ou kakikkum, dont le sceau a été imprimé à la suite de la liste des témoins. A côte a été appliqué le sceau du vendeur, ou à nouveau celui du fonctionnaire, quand la vente a été faite "de (la propriété) du roi". En outre, le sceau du fonctionnaire était appliqué sur toute la surface de la tablette, avant que le texte y soit écrit, même quand la transaction ne concernait pas le prince. En revanche, ni le sceau des témoins, ni celui de l'acheteur n'était imprimé. Le rôle du fonctionnaire est indiqué par la formule IN.GÍD, équivalente de *iknuk,* "il a scellé", pour garantir la légalité de la transaction.

J. RENGER, **Legal Aspects of Sealing in Ancient Mesopotamia** (pp. 75-88).

Enquête limitée aux textes juridiques, de l'époque de la Ière dynastie de Babylone à celle des Séleucides. Les textes étaient conçus du point de vue de témoins, après la conclusion des contrats. Ils mentionnent le serment de ne pas contester ce qui a été convenu. Les sceaux ne servaient pas de "signatures" liant les contractants, mais servaient seulement á authentifier le document juridique qui était donc un "instrument d'évidence" attestant qu'un accord avait été conclu. Il était généralement scellé par les témoins, ou par la partie qui renonçait à un droit (par ex., le vendeur), ou assumait une obligation (le débiteur d'un prêt). Quand les deux parties assumaient des obligations mutuelles (échange, etc.), elles scellaient toutes deux. L'authenticité du texte était d'abord assurée par l'enveloppe qui en portait copie, puis, au Ier millénaire, on préféra rédiger les contrats en deux exemplaires, remis à chacun des contractants et que l'on pouvait comparer en cas de contestation.

MOGENS TROLLE LARSEN, **Seal Use in the Old Assyrian Period**  (pp. 89-105).

Etude de l'usage des sceaux par les marchands-colons assyriens de Kanesh (Kültepe). La diversité stylistique des sceaux refléte le caractère cosmopolite de la société, babylonienne, assyrienne, anatolienne et syrienne. Certains sceaux portent le nom de leur propriétaire. Au niveau II de Kültepe, les sceaux n'ont été imprimés que sur les enveloppes des tablettes, comme en Mésopotamie; au niveau Ib, certaines tablettes n'avaient pas d'enveloppe et portaient les empreintes de sceaux, ce qui correspond certainement à une coutume anatolienne. L'enveloppe portait copie du texte de la tablette et les empreintes des sceaux des témoins et de personnes telles que les débiteurs, concernées par le contrat. L'expéditeur scellait aussi l'enveloppe de ses lettres. Les textes nous apprennent que tous les envois de marchandises étaient scellés, à l'aide de "bulles" dont cependant très peu ont été conservées. On scellait aussi les portes des maisons et des entrepôts, et les récipients à tablettes. Les sceaux servaient à indiquer la propriété ou une réclamation, ou une obligation, ou enfin, ils étaient appliqués par des témoins ou des autorités privées ou organisations politiques telles que colonies ou cités.

I. J. GELB, **Typology of Mesopotamian Seal Inscriptions** (pp. 107-126).

Les résultats des travaux d'un séminaire organisé en 1961 ont été exposés au Symposium de 1975 et présentés en un tableau (pp. 115-126). Un millier de documents ont été utilisés, classés en 31 types de sceaux, subdivisés eux-mêmes pour plus de précision. Il conviendra de compléter ce tableau, compte tenu des publications postérieures à 1961. C'est ainsi que les énigmatiques "sceaux de cités" révélés par les empreintes archaïques d'Ur (pa. I) sont attestés déjà à Jemdet-Nasr (Ashmolean Museum; Cf. M. Lambert, *RA 64* (1970), p. 189, pa. 11). De même, nous avons publié le plus ancien sceau votif dans *La Revue du Louvre* 12 (1962), p. 186: il a été voué à Inanna par un certain Gunidu, homonyme et sensiblement contemporain du père d'Ur-Nanshé. En conclusion, le sceau est défini comme a) portant des marques distinctives pouvant être reproduites sur l'objet scellé; b) ayant pour but d'identifier l'utilisateur; c) de légaliser ou valider l'objet scellé. La possibilité d'identifier l'utilisateur apparaît cependant problématique sur les sceaux anépigraphes ou portant des noms divins, avec une iconographie très semblable d'un sceau à l'autre.

RICHARD T. HALLOCK, **The Use of Seals on the Persepolis Fortification Tablets**  (pp. 127-133).

Les tablettes étudiées datent de la 13e à la 28e année de Darius Ier. Il s'agit presque exclusivement de paiements de rations; habituellement, le sceau du fournisseur a été appliqué sur le bord gauche, et celui du fonctionnaire qui recevait, sur le revers de la tablette. L'auteur considère que tous les sceaux sont royaux, mais qu'ils ont pu être confiés à des fonctionnaires tels que le meunier royal (n°66) ou le boucher royal. Ce dernier utilisait le sceau 93, qui appartenait originellement à "Cyrus l'Anshanite, fils de Teispès", c'est à dire au grandpère de Cyrus le Grand (nous avons reproduit ce sceau dans *Arts Asiatiques 28*; 1973; p. 15 et 29, n°28). Toutes les lettres sont scellées du sceau de leur expéditeur, qui est parfois une femme telle que Artystone, épouse de Darius. Deux fonctionnaires, Pharnaces et Zisshawish, ont écrit de nombreuses lettres et ont parfois échangé leur sceau. Zisshawish a eu deux sceaux dont le second est purement royal, par son iconographie et par son inscription nommant Darius en trois langues. Trois sceaux, n°1; 3 et 4 ont été utilisés très souvent, dans trois régions qui jalonnent la route de Suse à Persépolis: la première de ces région est celle de cette dernière ville. Le sceau utilisé a appartenu successivement à deux fonctionnaires. Ce sceau a servi pour 21 endroits différents, ce qui suppose que le scribe circulait, ou qu'il écrivait à Persépolis à partir des indications fournies par un courrier ? Le sceau n°4, utilisé dans la région de Fahliyan, appartenait à un nommé Irshena, mais il avait appartenu initialement à un Elamite dont le nom ne fut pas effacé. Ce même sceau était utilisé en l'absence d'Irshena, ce qui implique qu'il correspondait à une juridiction plus qu'à une personne.

BRUCE WILLIAMS, **Aspects of Sealing and Glyptic in Egypt before the New Kingdom** (pp. 135-140).

Les premiers sceaux apparaissent en Egypte à l'époque gherzéenne récente (Negada II) et sont de style de Jemdet-Nasr (en réalité, déjà d'Uruk). Les premiers scellements datent de la Ie Dynastie. On utilissait alors des cylindres portant seulement le nom et la titulature du roi, avec parfois le nom d'un domaine et des titres de fonctionnaires. Il y avait aussi des cylindres anépigraphes reflétant l'influence de ceux de Jemdet-Nasr. Découverts dans les cimetières royaux, les scellements apparaissent comme reliés au gouvernement. Cette tradition se maintint tout au long de l'Ancien Empire; les scellements associés à des tombes privées attestent l'attribution de dons royaux à des particuliers. Le cachet ovale, en forme de scarabée, apparaît à la XIe dynastie. Il remplaça ensuite le cylindre, qui semble avoir cessé d'être utilisé comme sceau. Cependant, de nombreux cylindres furent encore gravés sous la XIIe dynastie.

JANET H. JOHNSON, **Private Name Seals of the Middle Kingdom** (pp. 141-145).

Dès l'époque archaïque, des cylindres portant le nom de particuliers ont été trouvés dans des tombes, où ils semblent avoir tenu lieu de stèle funéraire pour des pauvres. Ils n'étaient pas utilisés comme sceaux. Il n'y a pas de sceaux non royaux durant l'Ancien Empire; sous la XIe dynastie et la première moitié de la XIIe, des particuliers utilisèrent des cachets sur lesquels leur nom n'était pas gravé. Ce dernier n'apparaît qu'ensuite, gravé sur des scarabées. Cela reflète le début d'un espoir de survie individuelle et le développement d'une bureaucratie centralisée.

McGUIRE GIBSON, **Summation** (pp. 147-153).

Revenant sur la contribution de H. Nissen; l'auteur rend hommage au pionnier que fut Henri Frankfort, auteur de la première classification chronologique dûment fondée sur les résultats des fouilles archéologiques. A propos de la communication de E. Porada, il considère qu'aucune explication proposée ne rend vraiment compte de l'adoption de la forme cylindrique pour les sceaux. De même, pourquoi le cylindre fut-il remplacé par le cachet au Ier millenaire? Or la réponse à cette excellente question nous paraît simple: le cachet reparut quand se répandit l'écriture alphabétique, qui utilisait le papyrus de préférence à l'argile. Le sceau-cylindre apparaît ainsi comme lié à l'écriture cunéiforme, élaborée en fonction de son support: la tablette d'argile. Les premières de celles-ci sont contemporaines des "bulles" contenant de petits objets symbolisant des chiffres, au niveau 18 de l'Acropole de Suse; on continua de sceller les tablettes jusqu'à l'époque ED I (tablettes proto-élamites). A quoi on peut objecter avec l'auteur que cet usage tomba en désuétude jusqu'à l'époque d'Ur III. Mais cela est-il décisif, à considérer la masse énorme des tablettes scellées depuis lors? L'auteur rapporte qu'il a examiné des centaines de "scellements de jarres" de Nippur, en s'étonnant qu'ils ne correspondent pas au diamètre de vases connus. La difficulté disparaît si l'on admet que ces scellements garantissaient en réalité les liens fermant des portes et attachés pour cela à des pommeaux comme l'a montré Mme E. Fiandra (*Bolletino d'Arte LX;* 1975; pp. 1-25. *Cf.* M. H. Wienecke, *JNES 35;* 1976; pp. 127-130). Nombre de contributions sont autant d'invitations à élargir et approfondir les recherches, en posant des problèmes tels que ceux posés par les cylindres qui ne servaient pas à sceller: par ex., les cylindres votifs. De même, pour le "sceau du messager du roi" (Frankfort, *CS,* pl. 36 K), l'auteur suggère qu'il était porté par des messagers spéciaux, en tant que signe de l'authenticité de leur message verbal. Dès l'époque d'Agadé, les sceaux de "serviteurs" du roi attestent l'importance du lien qui unissait ces personnages à l'institution royale, et qui en faisait ses représentants, sans qu'il soit nécessaire de supposer un caractère "votif" de ces sceaux. Inversement, les nombreux cylindres anonymes, ou qui, à l'époque de la Ière dynastie de Babylone, ne portent que les noms de Shamash et Aya, apparaissent plutôt comme des amulettes et mériteraient une étude.

Pour conclure, nous ne pouvons que nous féliciter de la publication de ce recueil, dont l'intérêt tient en grande partie au fait que la glyptique y a été abordée sous des aspects habituellement négligés, si l'on songe aux publications de textes dans lesquelles les sceaux étaient à peine mentionnés. On peut s'étonner que la glyptique archaïque, antérieure aux documents écrits ou lisibles, n'ait guère été prise en considération. Mais précisément, nous pensons que les conclusions tirées des documents d'époques historiques ouvrent des horizons sur le rôle des premiers sceaux. C'est ainsi que les premières tablettes, scellées d'une empreinte de sceau-cylindre et ne portant à Suse que des chiffres, pourraient être expliquées par comparaison avec les documents d'Eshnunna présentés par M. Whiting: le scelleur pourrait avoir été le fonctionnaire chargé de garantir la légalité de la transaction. Les documents archaïques pourraient avoir été comme plus tard, essentiellement des reçus, des décharges attestant que le fournisseur avait bien été payé, du prix dûment convenu. Et la diversité des sceaux archaïques s'accorde avec le refus de J. Renger de les considérer comme des "signatures". Ce ne sont là que des exemples des suggestions que l'on peut formuler en refermant *BM* 6,—en se promettant de le rouvrir souvent pour le consulter avec grand profit.

Pierre AMIET

# SYRO-MESOPOTAMIAN STUDIES

A journal devoted to the study of the civilizations of ancient Iraq and Syria from late prehistory to the First Millennium B.C.—providing an outlet for the publication of primary sources and a forum for the archaeological, historical and linguistic analysis of pertinent phenomena.

Editor: M. Kelly-Buccellati
Associate Editor: Olivier Rouault
Assistant Editor: William Shelby
Advisory Board: J. Bottéro, I. J. Gelb, G. Gullini, Th. Jacobsen, M. Van Loon

**Volume One**
Articles by G. Buccellati, M. Kelly-Buccellati, L. Mount-Williams and W. R. Shelby.


**Volume Two**

Issue 1:     Michael C. Astour, *The Rabbeans: A Tribal Society on the Euphrates From Yaḫdun-Lim to Julius Caesar*, 12 pp., $1.40.

Issue 2:     P. Matthiae, *Preliminary Remarks on the Royal Palace of Ebla* 20 pp., 8 plates.
*Communiqué of the Italian Archaeological Mission to Syria Concerning the First Meeting of the International Committee for the Study of the Texts of Ebla*, 2 pp., $4.00.

Issue 3:     Piotr Michalowski, *The Neo-Sumerian Silver Ring Texts,* 16 pp., $1.80.

Issue 4:     Kassem Toueir, *The Syrian Archaeological Expedition to Tell Al'Abd Zrejehey:*
*Clay Figurines of the Third Millennium B.C.*, 15 pp., 20 plates, $5.70.
A catalog of some 239 figurines from the late Third Millennium occupation at Tell al'Abd in Syria, in the flood area of the Tabqa dam, partly stratified and partly from the surface. While no chronological seriation can be established, a typological classification distinguishes different groups of objects by ware and by representational categories. There are 77 human figurines, 138 animal figurines, and 24 cart fragments or wheels. Comparisons with published and unpublished materials from other sites are offered, as are interpretations on the function of the various types of figurines. A total of 117 examples is reproduces in half-tone photographs.

Issue 5:     Asʻad Mahmoud, *Terqa Preliminary Reports, No. 5: Die Industrie der islamischen Keramik aus der zweiten Season,* 16 pp., 4 Plates, $2.60.
A pottery kiln for glazing ceramics was found during the second season of excavations in 1976 at Terqa, modern-day Ashara. It was situated to the south of the tell, just outside the perimeter of the ancient city. Numerous ceramic vessels, glazed and unglazed, were found in or near the kiln. All of these finds may be dated to the twelfth century A.D., in the Ayyubid period.

Issue 6:     Giorgio Buccellati and Marilyn Kelly-Buccellati, *Terqa Preliminary Reports, No. 6: The Third Season: Introduction and the Stratigraphic Record*, 36 pp., 14 plates, $6.40.
Following a review of goals and procedures, the main substantive results pertaining to stratigraphy and architecture are described and illustrated. —In the Second Millennium, besides some interesting jar burials, a considerable exposure was obtained of a Khana period residential quarter: the date established by epigraphic data confirms the conclusions reached on typological grounds in 1976, whereby a major artifactual assemblage can now be safety attributed to this otherwise unknown period. —In the Third Millennium strata we were able to identify a massive monumental structure as a city wall of which several portions could be traced along the perimeter of the tell: its structural make-up is evidenced, at least in part, by a large exposure at one end of the tell and by a sounding at the opposite end. Just within the city-wall are well preserved remains of manufacturing and storage facilities (kilns and bins), followed in time by richly endowed burial complexes.

Issue 7:     Olivier Rouault, *Terqa Preliminary Reports, No. 7: Les documents épigraphiques de la troisième saison,* 12 pp., 4 plates, $2.20.
A stratigraphic identification and historical description of five cuneiform tablets and an envelope recovered during the 1977 season. The documents include a sale of land and a school text, two contracts from the residential quarter (all from the Khana period, 1700-1500 B.C.), and an inscription of Zimri-Lim for the construction of an ice house.

**Thoughts About Ibla: A Preliminary Evaluation, March 1977** By I. J. Gelb, *SMS* 1/1, 30pp., $3.20

A thorough and amply documented examination of the information presently available on the Ibla archives leads to new results in three major areas of interest. (1) With regard to *chronology*, palaeographic considerations require a dating of the texts to the period before Naram-Sim. (2) With regard to *cultural traditions*, important philological links may be established with Abu Salabikh, Mari and Kish: as a result a large non-Sumerian cultural area must be recognized already for the most ancient periods in the northern regions. (3) With regard to *linguistic affiliation*, a detailed analysis of the available material shows that Iblaic must be considered not as a dialect of West-Semitic, but rather as a new Semitic language, closer to Akkadian and Amorite than to Ugaritic or Hebrew.

**Preliminary Remarks on the Royal Palace at Ebla** By P. Matthiae, *SMS* 2/2, 22pp., 8 pls., $4.00

This article presents a preliminary picture of the 1973-1975 excavations of the Tell Mardikh Royal Palace G dating to Early Bronze IVA (ca. 2400-2250 B.C.). It was in 1975 that some 15,000 cuneiform tablets and fragments were found in the palace, some of them written in a new North-Western Semitic language. The various sectors of the palace thus far excavated are described and the building is placed within its chronological and historical framework. Ceramic evidence pertaining to the chronology is published here in detail for the first time. The paper (given here in a translation by Dr. Frances Pinnock) was read at the 24th Rencontre Assyriologique Internationale at Birmingham in July 1976.

**Ebla in the Period of the Amorite Dynasties** By P. Matthiae, *MANE* 1/6, 36pp., 20 pls., $6.50

This 1974 article on the archaeological documentation from Tell Mardikh came on the heels of the major discovery of the great archive of Ebla. As such, it provided the setting against which the discovery can best be appreciated, and it retains a classic value which makes its present English publication especially useful. Many new photographic illustrations add to the documentary value of the initial publication.

**Old Canaanite Texts from Ebla** By G. Pettinato, *MANE* 1/7, 17pp. $2.00

This article contains the first grammatical description of Eblaite, a new Semitic language attested in the texts from Tell Mardikh-Ebla. The article was first published in Italian in 1975 and is here published for the first time in English translation. It provides ample grammatical documentation from the first archive discovered in 1974 at Ebla, numbering 42 tablets. It also provides the first assessment of the linguistic and historical evidence of the texts.

California residents please add 6% sales tax. For additional information, descriptive flyers of individual titles, and a general catalog, write:
UNDENA PUBLICATIONS, P.O. Box 97, Dept. C.B., Malibu, CA 90265.